Zhongguo Wenhua
Zhishi Duben

中国文化知识读本

古代礼制文化

主编　金开诚

编著　魏永康

吉林出版集团有限责任公司

吉林文史出版社

图书在版编目（CIP）数据

古代礼制文化 / 魏永康编著 .—长春：吉林出版
集团有限责任公司：吉林文史出版社，2009.12（2022.1 重印）
（中国文化知识读本）
ISBN 978-7-5463-1257-6

Ⅰ . ①古… Ⅱ . ①魏… Ⅲ . ①礼节 – 制度 – 中国 – 古
代 Ⅳ . ① K892.9

中国版本图书馆 CIP 数据核字（2009）第 223075 号

古代礼制文化

GUDAI LIZHI WENHUA

主编/ 金开诚 编著/魏永康

项目负责/崔博华 责任编辑/曹恒 崔博华

责任校对/袁一鸣 装帧设计/李岩冰 刘冬梅

出版发行/吉林文史出版社 吉林出版集团有限责任公司

地址/长春市人民大街4646号 邮编/130021

电话/0431-86037503 传真/0431-86037589

印刷/三河市金兆印刷装订有限公司

版次/2009 年 12 月第 1 版 2022 年 1 月第 6 次印刷

开本/650mm×960mm 1/16

印张/8 字数/30千

书号/ISBN 978-7-5463-1257-6

定价/34.80元

关于《中国文化知识读本》

文化是一种社会现象，是人类物质文明和精神文明有机融合的产物；同时又是一种历史现象，是社会的历史沉积。当今世界，随着经济全球化进程的加快，人们也越来越重视本民族的文化。我们只有加强对本民族文化的继承和创新，才能更好地弘扬民族精神，增强民族凝聚力。历史经验告诉我们，任何一个民族要想屹立于世界民族之林，必须具有自尊、自信、自强的民族意识。文化是维系一个民族生存和发展的强大动力。一个民族的存在依赖文化，文化的解体就是一个民族的消亡。

随着我国综合国力的日益强大，广大民众对重塑民族自尊心和自豪感的愿望日益迫切。作为民族大家庭中的一员，将源远流长、博大精深的中国文化继承并传播给广大群众，特别是青年一代，是我们出版人义不容辞的责任。

《中国文化知识读本》是由吉林出版集团有限责任公司和吉林文史出版社组织国内知名专家学者编写的一套旨在传播中华五千年优秀传统文化，提高全民文化修养的大型知识读本。该书在深入挖掘和整理中华优秀传统文化成果的同时，结合社会发展，注入了时代精神。书中优美生动的文字、简明通俗的语言、图文并茂的形式，把中国文化中的物态文化、制度文化、行为文化、精神文化等知识要点全面展示给读者。点点滴滴的文化知识仿佛繁星，组成了灿烂辉煌的中国文化的天穹。

希望本书能为弘扬中华五千年优秀传统文化、增强各民族团结、构建社会主义和谐社会尽一份绵薄之力，也坚信我们的中华民族一定能够早日实现伟大复兴！

目录

一 以吉礼敬鬼神

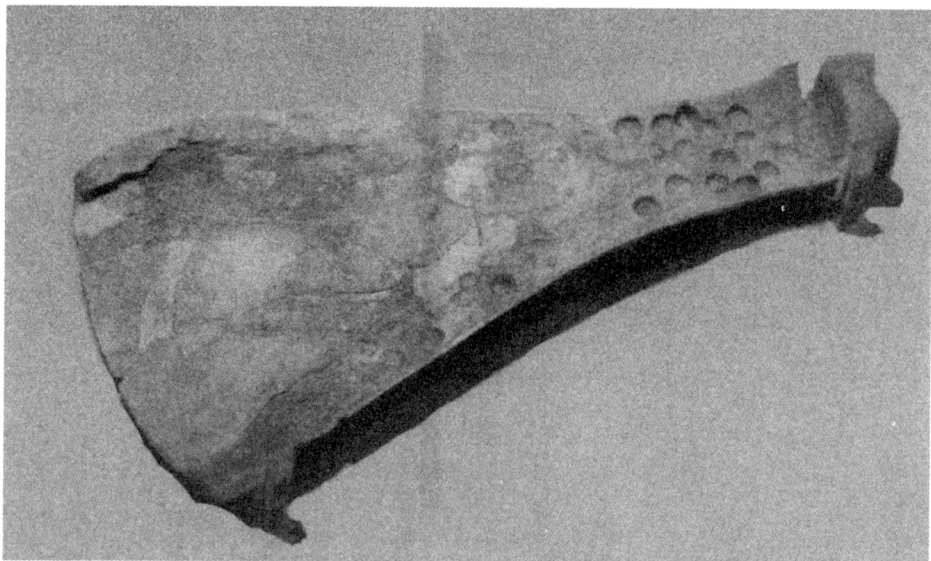
周代卜骨

　　吉礼就是祭祀之礼，主要是向鬼神祈求，希望神灵保佑国家兴旺、战事顺利，保佑人们五谷丰登、吉祥安康、诸事如意，所以称为吉礼。古人将其列为"五礼"之首，可见人们对吉礼的重视。《左传》所记载的"国之大事，在祀与戎"，说明当时人们把祭祀和打仗当做国家的头等大事。古人为什么这样重视祭礼，还得从远古时代说起。

　　在北京周口店山顶洞人遗址里，考古学家在猿人遗体的周围发现了环绕的红色铁矿石粉末。这一发现开始令人大惑不解，后来经过研究发现这是先民的一种古老的祭祀仪式。

早在夏代，人们就信仰天地鬼神。当时盛行占卜，在河南二里头夏代文化遗址中，发掘出一批牛、羊肩胛骨制成的卜骨，骨上有灼烧的痕迹。据此，也不难推断这是人们相信鬼神而进行占卜的遗迹。

到了商代，对天地鬼神的信仰达到了前所未有的程度。在河南小屯发现了十几万片甲骨卜辞，这些刻辞都是占卜的记录，而每一次占卜的过程实际上就是一次祭祀天地鬼神的过程。商代王室几乎每天都有祭祀活动，商王凡事都要进行占卜以决吉凶。

大部分的甲骨卜辞为先书后刻

以吉礼敬鬼神

古代帝王选择在泰山封禅

周代的祭祀名目繁多，礼仪繁琐，所祭祀的对象范围也极广，天神、地祇、人鬼，无所不有。由于祭祀对象不同，祭祀的时节不同，也就得用不同的祭法，于是出现了许多名目。概括起来不外乎以下四大类，下面分别加以介绍：

（一）祭天地之礼

古人认为"天"是万物的主宰，而皇帝自称为天子，即上天之子，其受命于天，代表上天来统治天下万物臣民。所以祭天就成为最高统治者的特权。历代帝王每年在特定时节都要举行隆重的典礼，亲自祭天，借以神化皇权。古代帝王祭天的礼仪主要有封禅和郊祀。

封禅在泰山。这是因为泰山是五岳之长，其山高，离天近，人间的帝王到泰山顶上祭上帝，表示受命于"天"。也有人说，是因为泰山为东岳，东方是万物之始、阴阳交替的地方，也就成了新生王朝、新登基皇帝向天神地祇报功告成，以取得合法统治地位的祭祀场所。封为祭天，禅为祭地。由于天在上、地在下，古人认为天为阳，地为阴，天高于地，所以封的仪式重于禅的仪式。

传说中最早举行封禅大典的是古代帝王

舜。有文献记载首先实行封禅礼仪的是秦始皇嬴政。始皇二十八年曾亲率文武大臣到泰山举行封禅大典。他先在泰山顶上筑坛，举行封礼；又到泰山下的梁父山筑坛，举行禅礼，并刻石立碑为自己歌功颂德。

封禅的具体仪式各朝各代不尽相同，但汉武帝自定的封禅礼仪，前承秦始皇，后启东汉光武帝、唐高宗、唐玄宗、宋真宗等帝王，较具代表性。汉武帝先到梁父山祭地，接着在泰山东边山脚下设坛祭天。然后汉武帝与少数大臣登上泰山顶，在那里筑了一个广一丈二尺、高九尺、分上中下三层的高坛，在坛上跪拜祭天。次日，

封禅大典

以吉礼敬鬼神

泰山风光

古代礼制文化

从北坡下，在泰山下的肃然山再次祭地。封禅时，用五色土封于祭坛。在庄严的音乐声中，汉武帝身穿黄袍，亲自跪拜。封禅后，汉武帝还下诏书改元，年号为"元封"。后代的封禅程序也大多与此类似。

郊祀，也是皇帝祭天神的一种典礼。与封禅不同的是，不必去泰山，而是在国都的郊外举行。这种郊祀礼仪，据史书和相关文献记载，至迟不晚于西周。

圆丘祭坛

周代祭天的正祭，每年冬至之日在国都南郊的圆丘举行。圆丘是一座圆形的祭坛。古人认为天圆地方，圆形正是天的形象。每年冬至，天子带百官来到郊外，天子身穿礼服，腰插大圭，手持镇圭，面向西方立于圆丘南侧。这时鼓乐齐鸣，表示报告天帝请他降临享祭。祭祀时，先点燃积柴，然后把祭牲、玉帛等祭品放在柴垛上，焚烧的烟火上达于天，使天帝嗅到气味而享用它们。接着由活人扮饰"尸"，代表天帝在乐声中登上圆丘，接受祭享。先向"尸"进献牲畜的鲜血，再依次进献五种不同的酒，称为"五齐"。进献后，"尸"用三种酒答谢祭献者，称为"酢"。然后天子与舞队同舞"云门"之舞。最后祭祀者分享祭祀的酒肉。后代祭天基本上延续周代的程序。

南宋以后，把郊祀和封禅合为一体，不再到泰山封禅。明太祖时改为每年正月在钟山举行。明成祖迁都北京后，在北京城南建天地坛，合祭天地。明嘉靖年间，嘉靖皇帝认为合祭天地不合古制，把原天地坛改为天坛，又在安定门北建地坛，分别祭祀。这就是今天北京的天坛公园和地坛公园的来历。

古代帝王的封禅与郊祀礼仪，具有宗教和政治双重意义。首先，通过封禅，表明新主受命于天，庶民必须服从，否则便是违抗天命。另外，举行隆重的祭祀大典可以粉饰

北京天坛

古代礼制文化

北京地坛

太平，向天下宣示德政。这样，就可以提高帝王的政治威望，加强自己的统治。

(二) 祭社稷之礼

社是土神，稷是谷神。土地生长草木五谷，养育人类，被认为是具有无穷生命力的神灵。古代以农为本，因此与农业紧密联系的祭祀社稷活动，便很受重视。在古文献中也常以社稷指称国家。这是因为一个朝代建立时要筑社稷坛，而一个朝代灭亡其社稷坛就会遭到废弃，所以社稷坛建置的改变必然反映了国家的兴亡。

祭社稷的礼仪起源较早，典籍中记载

中山公园习礼亭

也很多。从各种记载来看，祭社礼仪早在夏朝时就开始了。西周时掌管国家祭祀的大宗伯就有祭社稷的专门职员，又有小宗伯负责社稷坛的建立。

社稷坛是祭祀的场所，按《周礼》记载，社稷坛要用五色土铺垫。土色随其方位，东青、南赤、西白、北黑、中黄，以象征五方。周王祭社稷时要用太牢即牛、羊、猪三牲，还要钟鼓齐鸣，载歌载舞，其活动十分浓重热烈。祭祀社稷神，最直接的目的是祈求丰收。所以社稷的正祭就是在社日（仲春之月的吉日）举行的"春祈"和秋收后（孟冬之月的吉日）举行的"秋报"。明清两代每年春秋二季的仲月上戊日，照例由皇帝亲祭。现在我们在北京中山公园看到的方形大平坛，便是明朝永乐年间所筑的社稷坛。

不过，社稷祭祀并不只是君王的事，地方府、州、县也在君王祭祀的同一天由地方官主祭。君王建立的称为"太社"，就是前面所说的五色土。古代君王封诸侯时，便由封地所在方位从太社坛取一撮有色的土赐给诸侯，这就是赐土分封。诸侯回到自己的封国后，将君王赐予的土置于封地的社稷坛中，这种社稷坛就不能再有五色土了。至于更下一级，就只能用诸侯赐予的泥土了。既然大夫以下要成群立社，民间便以祭社活动为中心形成了居民的社会组织，这种组织也称"社"。立社时不仅要封土为坛，而且要种植适合当地土壤的树木，这树也是社的标志。

到社祭之日，几乎全部人都停止工作，参加祭祀活动。这天还有专门为社日准备的社饭、社糕、社饼。在农村的各个社坛附近，人们聚会祭社之后，就在一起畅饮欢庆，吹箫击鼓，非常热闹。这种民间社日活动到了元代，由于统治阶级对民间结

鸿胪寺为外官入京朝谒皇帝习礼之地

以吉礼敬鬼神

社集会的钳制，便逐渐衰落了。

（三） 祭神鬼之礼

除天地社稷之外，得到祭祀的神祇还有很多，各种祭祀活动也很多。

腊祭礼仪

腊祭是古人在农历十二月庆祝丰收，祭祀先祖和百神的一次大典。在周代，腊祭分为两种：一为蜡祭，祭祀先祖；二是腊祭，报答百神。这是不同的两种祭祀，秦汉时期逐渐合二为一，统称为腊祭。古人认为丰收是年初祭祀的结果，跟祖先和百神的保佑是分不开的，所以，获得丰收就必须举行报谢典礼，答谢众神福佑之功。据《礼记》记载，

雍和宫法轮殿

腊八粥

所祭神有百种，包括农神、作物神、田间亭舍道路诸神、兽神、水利设施神等等。腊祭起初是朝廷大祭，由国君主持。

腊祭礼仪结束之后，通常都举行宴饮活动。庶民平常日子艰难，但也要凑合着一块聚餐，以欢度节日。这种风俗流传了数千年。后来，佛教传入中国，腊祭日与佛祖释迦牟尼生日相吻合，于是佛教中献粥敬佛的习俗与腊八习俗相融，就又有了十二月初八吃"腊八粥"的风俗习惯，并流传至今。

祭灶礼仪

灶神

祭灶即祭司灶之神。灶神在民间又称"处君""灶王""灶王爷"，它是人们信奉的资格最老的神之一。早期的灶神产生于人们对火的自然崇拜。在原始人氏族群居的生活中，那一堆不熄灭的火便是他们的灶，因而火神与灶神是一致的。

进入文明社会以后，人们定居生活，把固定做饭的地方视为灶。由于习俗的影响，人们遂认为灶神的权力和作用在于督察人间过错，向上天作汇报。这对庶民百姓来说，是非常可怕的事，所以，民间有关灶神的忌讳最多。据《敬灶全书》列举，有不得用灶火烧香，不得敲打，不得将刀、斧置于灶上，不得在灶前讲怪话、发牢骚、哭泣、呼唤等等。

腊月二十三是灶神上天汇报的日子，不知将会降下什么祸事。所以，在灶王爷上天之前，人们一定要郑重其事地祭祀一番。每逢祭灶这一天，不论大户小户，不分贫富贵贱，家家都要将灶台、几案、锅碗瓢盆收拾得干干净净，准备设供祭灶。祭祀时酒、肉、纸钱绝对少不了，有的地方还要敬献糖饼之类的礼物。希望灶神到天帝面前多说好话，少说坏话。帮助祈求来年一切顺利。腊月二十三的祭灶活动称为"送灶"，五天后

灶王爷

灶神回来还要再祭祀一次，叫做"接灶"。重新接回灶王爷，祭灶活动才算结束。

随着人们文明程度的提高，祭灶活动在近现代逐渐消失了，只有在一些偏远的地区还保留着这种古老的祭灶礼仪。

高禖礼仪

高禖是古代帝王为求子所祭祀的神，实为生育之神。这种祭礼在《礼记》中已有记载。后来普及到民间，成为礼俗的重要内容。

古人之所以举行高禖祭礼，是因为不知道妇女受孕的真实原因，于是产生了相应的图腾崇拜和性崇拜。但因时代、民族和各种传说的不同，祭祀的具体对象也不尽相同。据记载，上古时期的高媒神是女娲，后来，夏人以涂山氏为高媒，殷人以简狄为高媒，周人奉姜嫄为高媒，都是传说中的部落祖先。

汉代以后，由于受到佛教的影响，民间所崇拜的高媒神逐渐被送子观音所取代。

傩除礼仪

傩祭，是以驱逐疫鬼为目的的一种仪式。古人认为鬼魂可以通过祭祀降福于世人。但是，一些恶鬼、厉鬼却作恶多端，不会因人们的祭祀而赐福于人们。因此，要采取强制措施驱赶和除掉他们。

傩祭

从典籍中的一些记载来看，"傩除"在周代已经成为一种固定的仪式了。古代又有国傩、军傩、寺院傩、乡人傩之分。国傩是朝廷大典。乡人傩则是民间的礼俗。宋代以后，随着中原地区文明程度的不断提高，国难逐渐消失。而在民间，傩除已从神秘庄严的仪式演变为生动活泼的文娱形式了。

明清时期，一些地区的傩舞已发展为傩戏。现在我国南方各民族还保留着这种傩文化的样式，诸如湖南的"傩堂戏""傩愿戏"，湖北的"傩戏"，贵州土家族、苗族的"傩堂戏"等等。这些无疑是古代乡人傩的历史延续。

古老的傩舞面具

（四）宗庙祭祀之礼

宗庙是古代天子、诸侯祭祀祖宗的处所。在宗庙里举行祭祀祖宗的礼仪，叫"宗庙祭礼"。古代宗庙又称太庙，是供奉祖先的庙。历代帝王都认为君权是由天神交授、承袭祖先获得的，因此把宗庙看做国家的象征。君王营建宫室，首先要按左宗右社的制度在前面营建宗庙。

宗庙祭祀活动出现于何时尚不太明确。据考古发现，在红山文化后期，即五千年前人们就已经开始对祖先进行祭祀了。古人也常常以宗庙的存亡来作为国家存亡的标志。所以，历代的帝王都非常重视宗庙，极力维护宗庙制度。

古代不仅在宗庙的设置上有严格的制度，而且在宗庙祭祀的时间、祭品和方法上也有严格规定。周朝以前，天子的宗庙为"五庙"。后来，周公制礼乐，规定天子七庙、诸侯五庙、卿大夫三庙、士人一庙，而庶人则无。祭祀时间有"月祭""四时之祭"和"殷祭"等。月祭在每月初一举行，名之曰"朝庙"。"四时之祭"是天子每年的四季所举行的祭祀大典。"殷祭"是规模盛大的宗庙祭祀，包含每五年举行一次的宗庙大祭和每三年举行一次的祭神主的大合祭。

除了上面提到的之外，凡天子出征、巡行、会盟等大事，都要祭告祖庙，并派遣祝史祭告其余的宗庙。返回时，还要亲自祭告于庙，这叫做"告庙"。总之，古代的宗庙祭祀活动十分频繁，祭祀时的礼仪十分复杂、严格。在祭祀宗庙时，祭品要丰盛清洁，而且要按主祭者的身份等级来制定规格，不能随意敬献祭品。祭祀的人必须虔诚恭敬，祭祀时还要伴以乐歌。到了明清，也依然沿袭

宫廷宗庙祭祀礼乐

大禹宗庙祭祀

这个制度。

宗庙祭祀影响到民间，则形成了祭祖的礼俗。一些大姓家族都有自己的祠堂，里面供有历代祖先的牌位，每逢清明、春节或家里有重大事件时，都要到这里举行仪式。不过，民间祭祖的礼仪要比宗庙祭礼简单得多。现如今，在许多地方除了在礼仪所规定的时间、地点祭祖之外，家中发生了重大事件，都得通过祭祀的形式报告祖先，婚娶、生子、升官、发财、造屋等喜事，要让祖宗也高兴；遇到困难，也总是想到要请祖宗来"保佑"。

以吉礼敬鬼神

二　以凶礼哀邦国

凶礼要恪守严格的礼仪

　　"凶礼"是古代五礼之一。死亡、灾荒、疫病、失败、寇乱等，都是不吉不幸的事，都是国家的忧患，所以称之为"凶"。对这些不吉不幸的凶险之事，要表示同情，给予必要的帮助，或是吊唁哀悼。所以称之为"凶礼"。根据《周礼》记载，凶礼可以具体地分成了丧、荒、吊、襘、恤五种，后四种主要是春秋战国时期国与国之间的一些外交礼仪，而丧礼在民间得到了广泛的应用。

　　（一）　士丧礼

　　死亡，是人生旅程的最后一站，标志着此人从此脱离社会。这是人生历程中不可抗拒的必然规律，也是每一个人生命的最终归宿。面

招魂祭祀

对死亡，无论是谁都无能为力，人们唯一能做的就是：用最好的方式和最隆重的礼节去为死者祭奠，以此表达对死者的哀思。这些哀悼的仪式、礼节就是丧葬礼仪。

根据史籍的记载，丧礼大致有以下仪程：

属纩

属是放置的意思，纩是新絮。新絮很轻，用来放在临终人的口鼻上，试看是否断气。若絮不动，则断定人已死亡。

复

就是今天所说的招魂。人初死，须有生者一人持死者上衣，上屋顶呼喊死者的姓名，大意是叫其回来，重复喊三遍，意味死者魂魄已归附此衣，然后回屋把衣服盖在死者身上。此衣称为寿衣。复，表示生者对死者作最后的挽留。

沐浴

沐是洗头，浴是洗澡。即对死者尸体进行清洗。男性死者，用男侍者沐浴；女性死者，用女侍者为其沐浴。沐浴时，死者的家属与亲属暂时退出。休浴后，再在停尸的床下放上盛冰盘子，沐浴的礼仪就算结束。这种方法，一直沿袭到后世。但沐浴的过程却没有统一规定。

饭含

就是在对死者沐浴后、小敛前，往死者

先祖祭祀

口中放些米、玉、珠、贝之类的东西。饭，即是向死者口中放入粱、稻等，含是向死者口中放入玉、璧、珠等。因死者身份不同，放入的饭含也不相同。

为铭

按死者生前的等级身份制成一面旗，称"明旌"，上书"某某之柩"，以竹竿置于堂前西阶上。

设重

用木板刻成一块牌位，置于中庭，象征死者亡灵，称"重"。

报丧

在家人去世后，丧讯应尽快让邻里、亲戚、朋友知道，以便大家赶来帮助办理丧事，这就是报丧。民间报丧的方法主要有：亲身前往口头报丧，这时神情要沉痛，举止要庄重。写报丧信，信中要写明逝者与报丧人的关系、逝者的病因、逝世的日期等。信中不能附带谈其他事，也不要写问候语与祝颂词。告死讯，不可进入别人家门。

吊唁

又称"吊孝""吊丧"。指亲友上门哀悼死者并慰问丧家的礼仪。吊唁者要送礼，一是礼金；二是挽联、挽幛、匾额、香烛、

伏羲先祖祭祀

祭祀食品

纸钱一类礼品；有的地方还要送在灵台供奉的祭品食物。宾客上门吊唁时，孝子和家属跪于灵案西侧答礼，还有哭灵的仪式。吊唁期间尚有诸多禁忌：不洗脸，妇女不搽脂粉，吃素。哭也有讲究，古代孝子自父母死到殡，必须哭不绝声，宾客吊唁时更是必须大哭。哭时要带回音，表示悲切。还要哭得面色发黑，要扶着孝棍才能站起来。

入殓

将死者穿上寿装入棺，叫做入殓。入殓分小殓、大殓。小殓，即给死者尸体裹上衣物，于死之次日清晨进行。即在死者卧室里进行。大敛即装尸入棺，在小殓次日进行。这时要

长子用筷子夹湿棉球擦死者眼、耳、嘴，意思是让死者在阴间能眼观六路，耳听八方，有吃有喝。最后用一块布将死者的脸盖上，将棺材盖钉上。大殓礼成，以待出殡。

殡

大殓后，一般都要停棺待葬达数月之久。这段时间称为"殡"。一般人停棺在家，春秋时诸侯则停棺于宗庙。这段时间里，家人要请人占卜，选定墓地和落葬的日期。停棺在家时，夜里不可漆黑，要点烛，要有人陪伴。后来则发展为"闹丧"，又称"暖丧""坐夜""伴亡"等，夜里请和尚、道士来念经做道场，并汇集亲友乡邻，终夕喝酒击鼓唱丧歌，把丧事办得隆重而又热闹。

（二）安葬礼

我国古代用棺材土葬是最主要的葬法。不同的葬法都传达出人们的信仰心理，是他们处置死者灵魂的不同方法。由于时代、民族、地域的不同，丧礼仪式都有很多差异，无法一一罗列，只能以汉族中原地区的传统丧礼为主，择要提及。

既夕

在选定葬期与墓地之后，在墓地还要举行选定葬所的仪式，然后开始挖坑，以等待下葬，俗称打金井。在下葬前两日的晚上，主人家要作下葬前最后一次哭，称为既夕。

出殡

清晨，在门口举行奠仪，并宣布各方亲属朋友赠送的车马财物等。然后灵车出动，死者亲属一律穿丧服列队护送到墓地。送殡的队伍一般按辈分大小、亲疏远近排列。

执绋

拉柩车的绳子称为"绋"，绋绳的多少由死者地位的高下而定，送葬的人必须穿着丧服帮助拉灵车，这就是执绋。执绋人要唱哀歌，称为"挽歌"。后来，执绋便成为送

执绋人员上台阶

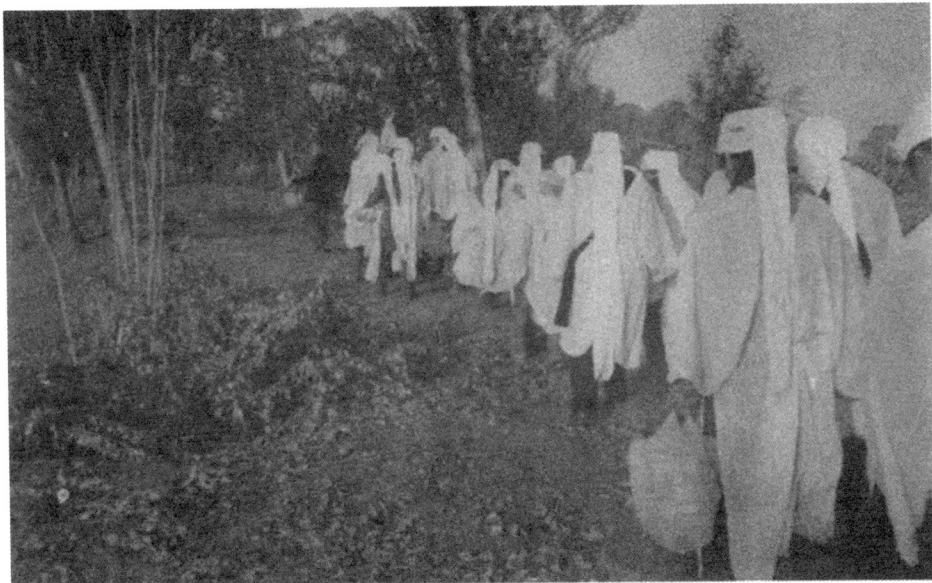

出殡

丧的代名词。

送葬

送葬的过程中，还得注意一些礼节。送葬队伍由开路神、引魂幡开道。执幡的要用童男童女。一路抛撒纸钱，称"买路钱"，意思是替死者付买路钱。灵柩前有影亭，内设死者遗像；主亭，设死者神主牌位。然后是吹鼓手和僧道人等，一路敲打念经。灵柩后面是送葬的眷属亲友。半路上，有的亲朋还要设路祭。

坟墓

灵柩到了坟地，先祀土地神，然后将灵柩放入墓坑。灵柩放稳，孝子和家人每人抓一把土扔到灵柩上，称为"添土"。然后填土做坟。

一般都要在坟墓上栽种松柏，一是作为坟墓的标志，二是用以避邪。这样，死者便入土为安了。

古代在棺停下葬时，一般都有殉葬品。这是因为古代的人们都有灵魂不灭的观念，认为人死后灵魂还和生前一样活着。所以就要给死者随葬一些生产、生活所需的东西。原始社会早期的墓葬中，随葬品多是汲水、炊煮、盛置和饮食等成套的生活用具，也有少数的装饰品或生产工具。到原始社会后期，出现了以人殉葬的现象，最后形成了一种制度。从殷墟墓葬的情况看，商代的人殉数百甚至上千。西周以后开始用俑，即用陶、木、

墓室陪葬的陶器

古代礼制文化

祭器又称"礼器"

金属制作的人偶来代替人殉。西汉至唐，中原地区的人殉制基本衰落。后来契丹、女真、蒙古、满族等边疆民族先后入主中原，他们均有人殉的传统。

从殷商到战国，统治阶级还把生前使用的车马、兵器、乐器、玉器及饮食器皿等许多有实用价值的器物带到墓中，叫做"祭器"。后来随着社会的发展，开始随葬象征性器物，即用竹木、陶土等制作的实物模型，称为"明器"。明器制度是人殉制度和祭器制度演变的一个进步。

（三）安葬式

土葬是我国古代在中原地区占主导地位

的葬式。此外还有火葬、水葬、搭葬、风葬、天葬、野葬、挂葬、悬棺葬、床下葬等等多种葬式。各种葬式分别实行于不同地区，用于不同情况的死者。各种葬式的一些礼节仪式也反映了一定的宗教观念和民间风俗。

火葬

火葬在我国有着悠久的历史。在甘肃省临洮县寺洼山的史前遗址，曾经发掘出土了一个盛有人骨灰的灰色大陶罐，这说明我国的火葬可溯源于原始社会时期。进入文明社会后火葬继续流行，但局限在个别地区和民族。

树葬

汉代佛教传入我国，依照教规，和尚死了要火葬。受其影响，火葬开始在某些地区盛行，甚至皇室戚员不得已时，也有实行火葬的。宋元时期，实行火葬的人更多、地域也更广泛了。但到了明清时代，由于统治者禁止火葬，火葬的习俗逐渐衰落，但从未绝迹。

火葬的具体仪式，各地情况不尽相同。元代江南水乡居民火葬比较隆重，要衣麻，奏乐，用金锦诸物与尸并焚。而有的则比较简单，抬到城外化人厂。对骨灰的处置也不一样，有地位的佛徒要修一座骨灰塔，而一

人们相信天葬可以使人的灵魂得到自由

般人则有的洒于水中，有的撒在荒野外，有的装入瓦罐、木匣里埋葬。

古代火葬之所以流行，大概有两个原因。一是佛教徒实行火葬，即使封建帝王禁止火葬时也不禁和尚火葬，因此佛教盛行地区火葬就必然流行。二是火葬省钱，不占用土地，容易被无地无钱的劳苦大众所接受。

天葬

古代有一种迷信说法，认为尸体会束缚灵魂，只有当尸体消失后、灵魂才能升天。而天葬就是一种从速毁尸的葬式。

早期的蒙古族就实行天葬。人死之后，

死者亲属将其尸体安放到山顶上或山谷中。三日后，族人前去查看，如尸体已被鸟兽食尽，则认为死者已得福升天，皆大欢喜，反之，则认为死者生前罪孽深重，需举行宗教仪式超度。

藏族过去也有天葬的习俗。人死后三天，请喇嘛念经超度。第四天将尸体抬到天葬台，由专门从事天葬职业的人把尸体拴在木桩上，让乌鸦、雕鹰啄食。剩下的骨头用石头砸碎，让鸟类继续啄食，直到吃完为止，并以吃完为佳。

悬棺葬

这是一种处置死者尸骨的特殊方式，主要分布于古代南方的少数民族地区，其时代从先秦至明清都有存在。根据古文献资料和考古发现，悬棺葬有多种类型。一是在岩壁上凿洞，并楔入木桩，埋葬时把棺材放在木桩上面。二是利用天然岩穴，将棺材半放穴内，半露在外。三是利用两个岩石间的裂缝在其间横架木梁，放置棺材，棺材全部外露。四是凿岩为穴插入棺木，一端露于穴外。以上四种，均以"悬"为特点，故称为悬棺葬。

悬棺葬

悬棺的棺材样式也各不相同。有用整木凿的独木舟式，有用木板做成的长方形棺椁，

这些悬棺高悬于山崖之上

也有用陶瓷和竹席做成的葬具，台湾还有用麻袋或布袋作为悬棺葬具的。

至于为什么要实行悬棺葬，可能与古代南方少数民族的宗教意识形态有关。有学者认为，放的位置越高，越是尽了孝道。在四川宜宾南广河边的悬棺，有的放置在高达一二百米的岩壁上。

（四）服丧礼

丧葬并不以出殡为结束，此后还有居丧的礼俗。丧服在死者大敛的次日开始穿，直到居丧期结束除去。居丧期要穿丧服。丧服的区别是由生者与死者亲属关系的远近而决定的。丧服共分五等，俗称"五服"，根据《仪礼》的记载，就其名称为斩衰、齐衰、大功、小功、缌麻。居丧期也分三年、一年、九月、五月、三月五种。

斩衰是五服中最重的一种。其衣用最粗的麻布制成，麻布不缝边，斩断处外露，表示悲痛不已、无心修饰，所以叫斩衰。

齐衰是仅次于斩衰的丧服，也用粗麻布制作，但衣边要整齐，所以叫齐衰。

大功又次于齐衰，用熟麻布制作，因为这种布经过加工，所以称为"功"。

小功又次于大功，也用熟麻布制作，但

哭丧

做工更加精细。

　　缌麻是五服中最轻的一种，用精细的熟麻布制作。叫它缌麻，因为它缕绌如丝。

　　上述丧服制度虽在当时未必全部实行，历代丧服丧期也有所变化，但其通过丧服表现血统亲疏和等级差别的实质是一样的。这套丧服制度，后代基本延续下来。

　　在服丧的过程中，祭祀也显得很重要。因为古人认为鬼魂在阴间仍要生活，如果子孙后代不及时祭祀，鬼魂在阳间就无法继续生活。而且鬼魂只接受跟自己有血缘关系的子孙的祭祀。若鬼魂得不到祭祀就会发怒，就会作祟害人。另外一方面，古人又以为祖

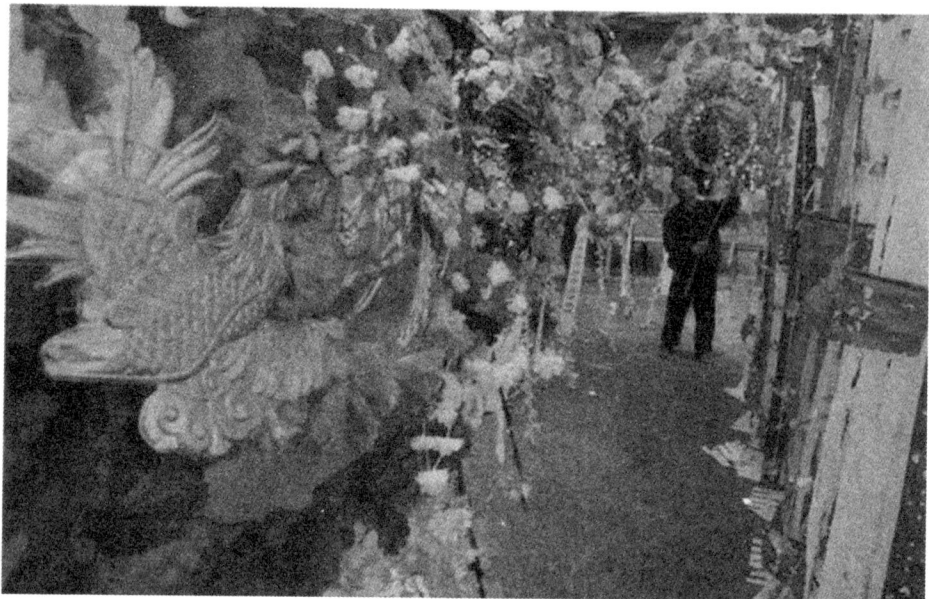
葬礼

先的鬼魂会庇护自己的子孙，当子孙后代在现实生活中遇到困难的时候，希望能得到祖先鬼魂的帮助。所以还得毕恭毕敬地遵守一些具体的仪节，大概有以下几个方面：

虞祭

送葬归来，孝子和家人要谢客，再是辞灵，即祭拜死者的牌位，古称"虞祭"。最后，凡是参加送葬的人都在一起聚餐，称吃"豆花饭"。

反哭

葬事完毕，丧家男女从墓地回到祖庙号哭的礼节，尽哀而止。前来吊唁的宾客安慰丧家，丧主答拜，并送他们出门。

葬礼

居丧

按照礼制，在服丧期间还有许多居丧的规定，通称为"守制"。其具体内容有几个方面：一是庶民要谢绝应酬事务；做官的则要解除职务在家守孝。二是禁止婚娶、饮宴等喜庆之事。三是禁止赴考。历代法律还有明文规定，对居丧非礼的人加以处罚。

做七

死者入土之后，要念经做道场，超度亡灵，每隔七天一次，共做七次，故称"做七"，又称"斋七"。"做七"肇始于南北朝，与佛教传入有关。佛教认为，人有七魄，死后每七日

烧纸

失散一魄，七七四十九日散尽，亡魂能否转世，还不能确定，活着的人要多为其念经超度，减轻罪孽，亡魂才有可能升天，否则就要堕入地狱，所以历来十分重视"做七"。做七的最后一次叫断七，超度亡灵也就告一段落。

祭祖

死者经过一些列祭祀仪式后，也成为这个家族祖先的一员，所以日常还得祭祀。

总之，在传统社会里，人们始终与已经去世的祖先保持着密切的联系，时至今日，昔日的许多仪节行为大多淡化甚至消亡，但这样一种心态却始终没有改变。

三 以宾礼待宾客

宾礼，待宾客之礼。涉及天子和诸侯之间、诸侯和诸侯之间、中央和地方之间、中国和外国之间往来的种种礼节。这种仪节并未持久，到了春秋战国时，礼崩乐坏，也就乱了套。不过，周代的宾礼对后世还是有很大影响的。秦汉以后，演变为群臣朝出巡时的礼仪、王朝与周边国家使臣之间的交往礼仪等等。后者则又演化为外交礼仪。另一方面它又变为民间礼俗，成为各级官员之间的相见礼和平民百姓相互交往所涉及到的交际礼仪。

（一） 朝觐之礼

诸侯在各自的封国内主持政务，分散在全国各地，不能经常朝见天子，只能隔一段时间

古代讲求严格的礼节

古代礼制文化

跪拜礼是中国古代最主要的礼节之一

朝见一次，向天子述职。据《周礼》和《大
戴礼》记载，天子按距离京城的远近将诸侯
国分为五个等级：侯服、甸服、绥服、要服、
荒服，分别一年、两年、三年、五年、六年
朝见一次。九州以外的地方称为藩国，每一
位新君即位时朝见一次，平时不再朝见。

　　由于时间不同、形式不同，朝觐之礼又
分成了八种。春夏秋冬四季的朝见分别称之
为"朝""宗""觐""遇"；平时有事，
天子随时召见诸侯，称为"会"；天子大会
诸侯，称为"同"；天子派使者去询问诸侯，
称为"问"；诸侯的使者一起去拜见天子则
称为"视"。

朝觐天子的臣子

若没在规定的时间朝见天子，就被视作"大不敬"，将受到天子及其他诸侯国的讨伐。朝见天子时，诸侯要攒带玉帛、兽皮、珍珠及本地的奇异特产等礼物，贡献给天子，所以又称为"朝贡"。天子接受礼物后，也以玉帛、珠宝等物回赠诸侯。有一套比较严格的礼仪规定，不同爵位的诸侯需穿着不同的服饰，就连手中拿的礼器的形制也各不相同。其具体仪节如下：

郊劳

也作郊迎。是诸侯王或使臣到达边境，天子要派官员前往迎接，来宾向官员赠送玉璧，官员接受后再还给来宾，表示轻财而重礼。

赐舍

即派人将宾客迎入馆舍住下。由一些官员出面设宴款待宾客，等待觐见。

朝觐

先由天子确定接见日期，届时，来宾先乘车至王室宗庙门外等待。经通报后，天子传唤方可进入太庙，向天子献上玉圭并向天子述职。天子对诸侯的表现感到满意，再把玉圭还给诸侯。如果认为表现不好，玉圭就留在天子手里，将来表现好了再发还。诸侯再拜稽首退出。

享献

行觐见礼后，来宾要向天子献上玉帛，共献三次、称为"三享"。第一次要在玉帛之外加上十匹马，第二、第三次加上本地的土特产。

请罪

觐见时，其中的一个仪节是诸侯王或使臣在享献后，需出右袒表示自己有罪。而周王则安抚说："你没有什么过失，回去好好治国吧。"他这才行礼退出，穿好衣服，回到馆舍。

赐车服

觐见后，周王派人向来宾赠送车马、衣物，并赠送数量较多的粮食、肉类、柴草及活牲口

负荆请罪

等。

飨宴

天子宴请来宾，对不同爵位的诸侯招待规格也不一样，但都隆重盛大。大宴之后，朝觐礼就算完成。最后天子派人把来宾送出境外。

后世的朝觐礼仪，大体上仿效于先秦。

（二）朝聘之礼

朝聘之礼主要是诸侯国之间的礼节，就是派遣使臣互相访问、问候的意思。朝聘包括三种情况：

一种是诸侯聘问天子。定期的聘问称为"殷"，殷是众，是视，合起来就是众多的

觐见礼台

诸侯按时派使者探望天子的意思。不定期的聘问称为"时聘"。晋文公称霸时曾制定每年一小聘、三年一大聘、五年一朝聘的制度。小聘派大夫前往，大聘派卿前往，朝觐则要诸侯亲自前往。

第二种是天子聘问诸侯。第一年天子派使者到各诸侯国聘问，称为"存"；第三年再派使者到各诸侯国聘问，称为"顺"；第五任又派使者到各诸侯国聘问，称为"省"；第十二年天子亲自到各国视察，称为巡守。十二年为一个周期，周而复始。

第三种是诸侯国之间的互相聘问。诸侯之间也每年派使者互相问候，诸侯间的聘问也有小聘、大聘之分，小聘派大夫前往，大聘派卿前往。

进行这种活动主要有以下几个原因：一是因为有新的诸侯国君即位，其他诸侯国的国君亲临该国，或派使臣赴该国，以表示祝贺；二是因为发生了战争等重大事件，要向其他诸侯国求援，或协商采取联合行动；三是为了依靠某个实力强盛的诸侯国的势力，而专程前往表示友好；四是为了解决两国间的矛盾和摩擦，而互往协商。

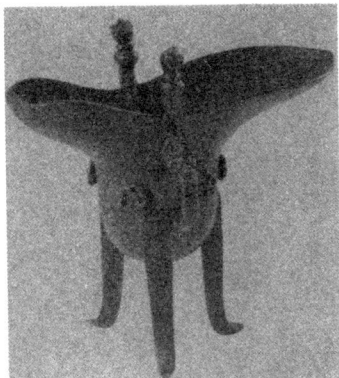

宴飨酒器

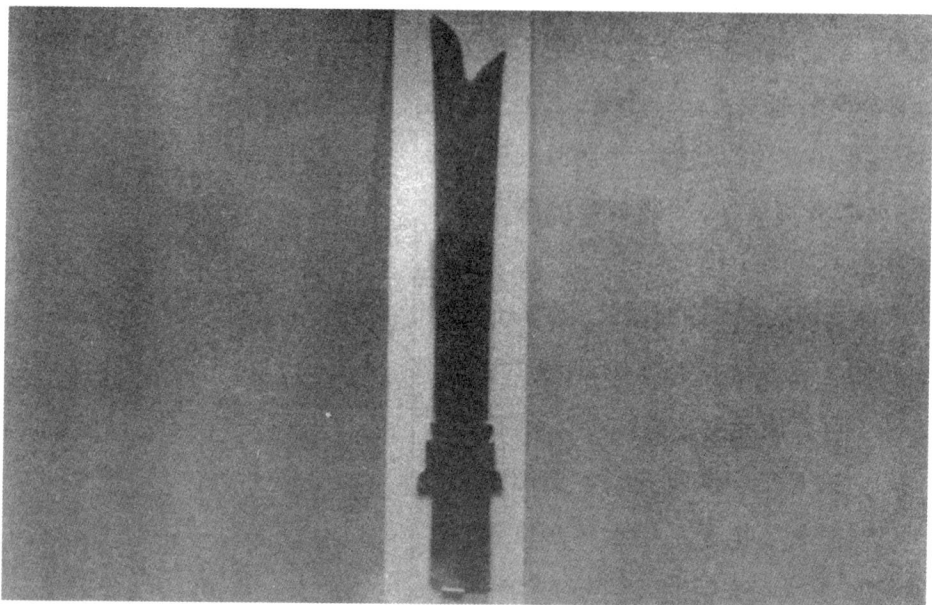
玉璋

聘问时都要携带礼物。礼物包括聘礼和享礼两部分。聘礼包括圭、璋。圭是献给所使国国君的，璋是献给国君夫人的。享礼包括璧、琼、虎豹皮、马匹、束帛等等。聘问时还要携带一种称为"脐"的旗帜，作为出访的标志，在旅途中不必打开，称为"放荫"，到达所使国边境和国都近郊时，必须打开，称为"张荫"。

诸侯之间的聘问的礼节与朝觐之礼类似。不过使者回国以后要向国君复命、并把带回的圭等接受的全部礼物交给国君。国君表示慰劳，并把对方赠给使者的礼物赐还给本人。

春秋时代，天子聘诸侯和诸侯聘天子的活动已经不多见了。据《春秋》记载，整个春秋时代二百余年间，天子曾七次派人到鲁国聘问，而鲁国只派人到王室聘问四次，而战国时期则空前增多。说明在诸侯称霸的时代，聘问已经不单纯是一种礼仪，而且成为一种具有实质意义的外交活动。随着大一统的实现，这种诸侯之间的聘问礼仪自然就不复存在了。

（三）盟誓之礼

所谓盟誓，就是两国或更多的诸侯聚集在一起，通过一定的仪式，共同宣誓约定协同办事，相互支援。因为古代诸侯与诸侯、

玉圭

以宾礼待宾客

礼乐编钟

大夫与大夫之间的许多协议，主要不是依靠法律来制约，而是依靠盟誓来取信。结盟之后，双方就有了共同承担义务的约束。

会盟的原因大概有以下两种：一种是由于一方诸侯不服，天子或霸主就要聚会其他各方诸侯设盟立誓，然后进行征伐；另一种是由于天子与诸侯之间或诸侯与诸侯之间，还有卿大夫之间，产生矛盾不协调，也需要聚在一起设盟立誓，共同遵守。其实质是为了某种政治目的或军事目的而进行的一种仪式，是春秋战国时代特有的产物。

先秦诸侯国之间的盟誓活动，根据参加国的情况，大体可以分以下几类：一种是两国之间签订双边盟约。另一种是缔约双方与调解人共同订盟，史称"参盟"。还有一种是许多诸侯共同聚会然后结盟，称为"会盟"。主持会盟的称为盟主。春秋时期，齐、晋、楚、秦等大国都曾通过会盟的形式确定自己的霸主地位。

形状不规则的侯马盟书

春秋战国时期，大国争霸，小国图存，关系复杂，会盟频繁，仅春秋二百四十二年之间，各诸侯国之间的会盟活动就达四百五十多次。但盟誓之礼已经消亡，我们只能根据古代文献的零星记载窥其大略。从史料及新发掘的材料来看，会盟礼仪的礼节大致有以下几个方面：

设置"方明"

设置一个象征四方之神的木制"方明"，它是会盟中的"神明"。神明的位置是设在最尊贵的北面堂上。

凿地为坑

在司盟的指挥下，挖一个方形坑。少数也呈椭圆形。为后面歃血为盟时埋入牺牲和盟书之用。

"执牛耳"

由司盟杀掉盟牲。盟牲杂用六牲，大盟用大牲，小盟用小牲。牛、马为大牲，属天子用。而后来，诸侯也用牛。杀牲后，并取牛血放在玉敦里，作歃盟之用。然后，割下牲牛的左耳，放任珠盘里，由盟主拿着，这叫"执牛耳"。

歃盟

这是会盟中的重要仪节。会盟开始，盟主面向西站立，司盟和同盟的诸侯面向北站立。

凿地为坑

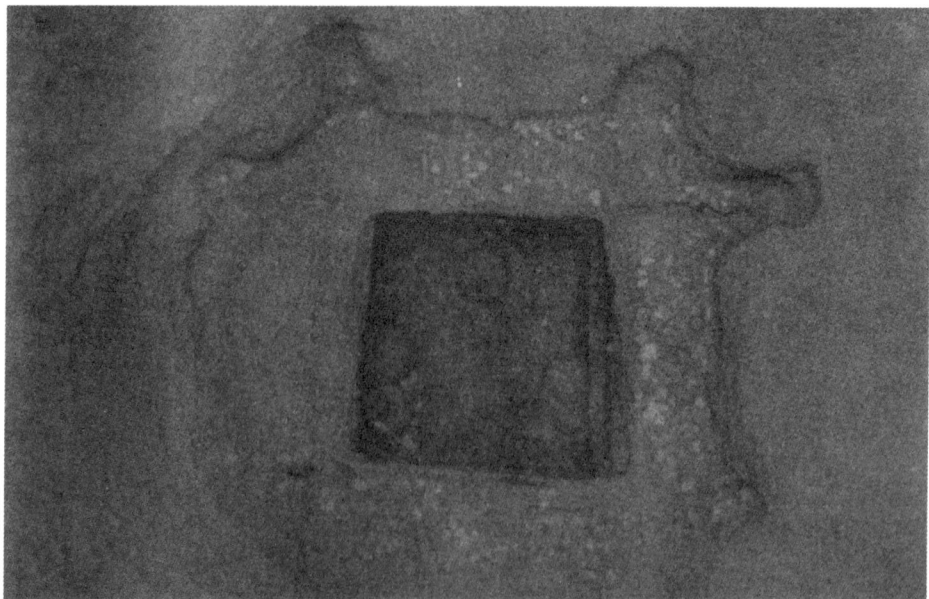

盟书

先由司盟宣读盟书，祀告神明。然后戎有端
来玉敦，打开敦盖，盟主先以牲血涂于嘴唇，
接着参与会盟的代表依照尊卑次序各以牲血
涂口，以示守信不渝。

载

盟书又称丹书，一般是事先用朱砂写在
简册上的，一式数本。以其中一本加在牲牛上，
连同剩下的牲血一起埋入一开始挖的坑中。
同盟者各取盟书一本带回藏于盟府，作为存
档。以后若有纠纷、则取盟书对质。

誓只是通过语言相互缔约，所以约束作
用比盟要小。誓礼也较为简单，不用杀牲、

《打猎将军与南诏王巡狩图》

面血。誓言一般是双方发出"所不……者，有如……"的誓词，意思是"如果不……的话，有……神为证"，这就算对天盟誓了，不必写成文字。作为见证的神明，通常是上帝、日月山川之类，也可以是祖先。

由于结盟必要发誓，后来盟誓二字连用，盟誓的礼仪也合而为一了。后代也常有为表明决心，双膝跪地，仰面朝天，赌咒发誓的情况这大概应属誓礼的遗风。

古人歃血为盟而誓于神，是因为在原始时代，人们认为涂了牲血却对神灵撒谎，必然会受到严厉的惩罚。同时，由于盟誓是在大庭广众之中举行，所以还是有一定约束力的。

（四）巡狩之礼

"巡狩"是古代天子例行的礼制，这是一项很隆重的大典。"巡"是巡行视察的意思，"狩"是诸侯为天子守土的意思。天子以四海为家，所以，巡狩就是巡视考察各方守土的诸侯。

据史书记载，最早进行巡狩的是大舜。古代天子巡狩都是有预期的，夏代是五年一巡狩，周代是十二年一次。后代有所变革。

根据《周扎》记载，天子出巡一次，天

代天巡狩

子出行之前，必须郊祀上帝，举行告庙仪式。主管四方诸侯职员的官员，在天子出巡之前，先用文书告诫四方诸侯，要忠于职守，接受考察，如果玩忽职守，国家会以大刑诛杀。周天子巡狩大约需要一年的时间。巡狩的路线是按四季配四方的原则安排的，即仲春二月巡狩到东民泰山，仲夏五月巡狩到南岳衡山，仲秋八月巡狩到西岳华山，仲冬十一月巡狩到北岳恒山。

每到一个地方，天子要燔柴祭天，以

皇上出巡图

祭祀神山大川，表示告诉神灵到这个地方了。接着，先拜访德高望重的人，百岁以上的长者，天子要亲自登门拜访，八九十岁的，路过其门则拜访，如果没碰上，那就免了。这一方岳的诸侯也要来朝见。然后开始考察各诸侯国的政绩，根据考察的结果分别奖赏或惩罚。能遵循天子礼乐法度、对百姓有功德的，加官晋爵，赏赐车服；若不能按时祭方国山川神祇的，削减其封地；不孝敬宗庙的，贬黜其爵位；改变天子礼乐的，放逐其国君；变更服饰、制度的，诛讨其国家。

后代帝王一直沿袭先秦的巡狩礼。秦始皇统一六国后曾五次出巡。汉武帝更是多次出巡，如元封元年冬十月，行自云阳，北历上郡、西阿、五原，出长城，北登单于台，至朔方，临北河。勒兵十八万骑，旌旗径千余里，威震匈奴。秦始皇、汉武帝朗巡狩，主要还是出于政治目的，了解民情，防止诸侯自专，阻碍国王政令的实行，这样就有利于统一政令、协调关系、赏功罚罪，加强对地方政权的控制，巩固其统治地位。而后代皇帝的巡狩，体恤百姓疾苦、了解政绩民风的成分越来越少，游山玩水、寻欢作乐的成分越来越多。

四　以军礼威天下

这个城门是清代皇帝出巡或者游猎时专用之门

军礼，不仅仅是指军队里的操练、征伐的行为规范，也可以说是威严统一邦国的制度，使下面的人不敢超越。"国之大事，在祀与戎"，说明古人把军事活动看得和祭祀一样重要。据《周礼》记载，军礼可分成五种：

大师礼：是天子出征讨伐时，军队派遣、凯旋、献俘等一系列礼仪规范。

大均礼：是指天子在自己畿内、诸侯各在自己的封国内为了校正户口、调节赋税，也得依靠军队撑腰，方能实施。

大田礼：是天子、诸侯定期田猎、军事演习和检阅军队时施行的礼节。

大役礼：是指国家征用民工大兴土木工程，诸如开河、筑城、造宫殿陵墓时施行的礼节。

大封礼：则指诸侯国之间的疆域纠纷、士大夫之间的封地纠纷，也需军队参与勘定。

由此可见，先秦时军礼的范围是很宽泛的，不仅用在战场上，更多的时候则用于内部治安。但周代的军礼已经消亡，不过从其他古书中还能看到一些零碎的记录，下面根据现有的资料作一些介绍：

讲武堂

（一） 讲武之礼

"讲"是练习的意思，讲武就是练习武艺。由于古代战事频繁，为了保持军队的战斗力，在没有战事的时候，必须严加训练。所以历代帝王朝很重军礼，军队按兵法结阵操练，遂演变成一套有一定规则的礼仪。《周礼》记载：讲武在仲春、仲夏、仲秋三季举行，每一次军队的操练都着重训练一个项目。

仲春，训练行军布阵，学习如何辨别鼓、铎、钲、铙的各种声响及其含意。演武时习战阵之法，排阵时年轻的军士居前，年长的居后，回师时，则长者在前，少者在后。身材高大的持弓矢，身材较低者持旗。勇士持

古代兵器

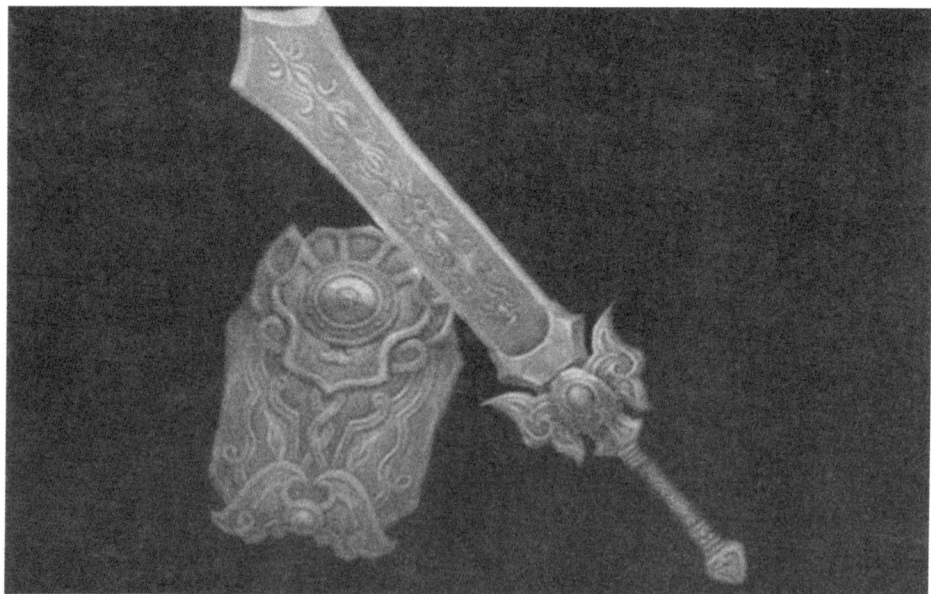

古代礼制文化

严整的队列是古代军队的起码素质

铜鼓刀盾为前行，其次是战士，再其次是执长矛士兵，弓箭手为后行。训练中将帅先教士兵看旗语，如旗卧则跪等。教士兵用耳听号令，学习金鼓动止之节，听鼓声则进攻。击鼓以前必先振铎，铎是形如大铃的乐器，有舌，执柄摇动可以发声。听到铎声以后，诸鼓齐鸣。钲，形如小钟，有长柄可执。进军时敲击，用来节制鼓声，即以钲作为鼓声间歇的拍节，限制行进步伐的快慢。铙形如铃，有柄无舌，退军时敲击用来停止鼓声。铙鸣则鼓止，鼓止则军停。后来所谓"鸣金收兵"，即指鸣铙而言。训练时让士兵听从鼓、铎、钲、铙声音的指挥，进行坐下、起立、前进、后退、急行、缓行、散开、集合等军事动作的训练。

仲夏教士兵拉练，训练野外宿营，使其能在艰难旅途中行军。还要辨识各种徽志的用途。不同级别的指挥员有不同的徽志，这些徽志是夜间戒备守御时用来区别各个部队，使之不致发生混乱。此外，还教士兵学习使用多种兵器。

仲秋训练出兵作战，辨别旗帜的用途。不同级别的指挥员有不同的旗帜，旗上写明各自的职务，画上自己的徽志。旗帜也是指挥作战的重要工具。军队的行动就是靠金、

中国古代军队作战车马

鼓、旌旗等统一、协调起来的。何时大张旗鼓，何时偃旗息鼓，旗帜的整齐和散乱，都体现军队指挥员的意图。

（二）大阅之礼

大阅就是由皇帝参加的军事检阅，一般在仲冬进行大阅。由于历朝历代的大阅礼仪不同，我们以明朝的一次阅兵为例，因为这时也发展得较为成熟。

大阅之前除地围场、设观礼台、立进止标志及军旗。校阅的当天天不亮，各级长官便率领他们的兵士，携带自己的旗帜，来到指定地点集合。天亮以后，像作战一样，把各自步卒摆开阵势。然后命令兵丁就地坐下，

中国古代军队

以军礼威天下

各级长官站在各自的队伍面前，聆听总指挥官宣布告诫将士的誓词。接着杀牲祭旗，宣布进退惩戒之令。

清晨，皇帝乘銮车由长安左门出，经安定门，前往校场，一路上由京军三大营官军护驾，文武官员均身穿大红便服随从。到达阅武门外后，总指挥官率大小将官，身着戎服，出来跪迎。皇帝及群臣进阅武门，里面军炮鸣三响，各营钲鼓大作。皇帝进入行宫，升座，兵部官员奏请大阅。兵部、鸿胪寺官引导皇帝登上将台，此时又鸣放三响。京营将士叩头毕，东西侍立。将台上吹响号笛，黄旗挥动，总指挥及将佐等官各归所部。兵

周武王牧野誓师

古代礼制文化

部尚书奏请问阵，又鸣炮三响，先由马、步兵将士演练阵法，演练时击四次鼓，分别举青旗、白旗、黑旗及黄旗演变出直阵、方阵、锐阵和圆阵。演毕，又吹响号笛，挥动黄旗，将士各归本营。

兵部尚书再奏请阅射，于是先由将官们在将台下比试射技，每人在马上射三矢，徒步射六矢，射中靶子者鸣鼓以报，由御史和兵部官员监视记录。下级军官和普通士卒也要比射，由府部大臣等官观射。总指挥官还要选择一队士卒在皇帝面前表演饱、刀、火器等项技艺。演毕，兵部尚书宣布大阅毕，将台下举号旗，总指挥官及诸将都到台下，面北跪听宦官宣读皇帝的旨意。礼毕，皇帝登銮，中军又鸣施三响，各营皆鼓吹奏乐，恭送皇帝出阅武门回宫。

次日，总指挥官以下上表表示对皇帝大恩大德的感谢，百官也按礼节对这次大阅的成功向皇帝表示衷心的祝贺。兵部以将士优劣及中箭多寡、教练等第奏闻皇帝。皇帝则赏有功或表现优异之人并训诫或惩罚有过失的人。各级官员和军士领旨谢恩。大阅之礼宣告最终结束。

（三）田猎之礼

兵马俑

田猎，又称狩猎、围猎等，是中国历史上军事教育或训练的一种形式。源于原始社会的渔猎活动。夏商以来，由于农业生产的兴起并逐渐成为生产的主要部门，致使渔猎降为次要地位。统治者一方面从游乐目的出发，把田猎作为一种娱乐活动；另一方面为巩固其统治地位和适应征战的需要，又把田猎作为一种军事演习的方式和手段，因而对田猎十分重视。

据《周礼》记载，每年讲武、大阅之后都要举行田猎。称为春蒐、夏苗、秋狝、冬狩。仲春练兵之后，举行田猎。其具体程序是：主管的官员设立标志举行貉祭，同时点燃预

远古田猎图

先准备的野草，用它来作为此次田猎活动时间的标准。并向参加的人员宣布田猎时应该注意的事项，然后击鼓围猎，等到焚烧野草的火熄灭了，便停止田猎。把捕获的猎物进献，以用来祭祀社神。夏季田猎，其程序大致与春季田猎一样。不过这次有布阵的战车参加，当焚烧的野草熄灭后，驱赶禽兽的车辆不再前进，停止田猎，以所猎获的禽兽祭享宗庙。仲秋练兵之后的田猎则要用网罗，将捕获的禽兽献祭四方之神。

从上面可以看出，春蒐、夏苗、秋弥的方法基本相同。而仲冬大阅之后的田猎

记颂秦襄公田猎活动的石鼓文拓本局部

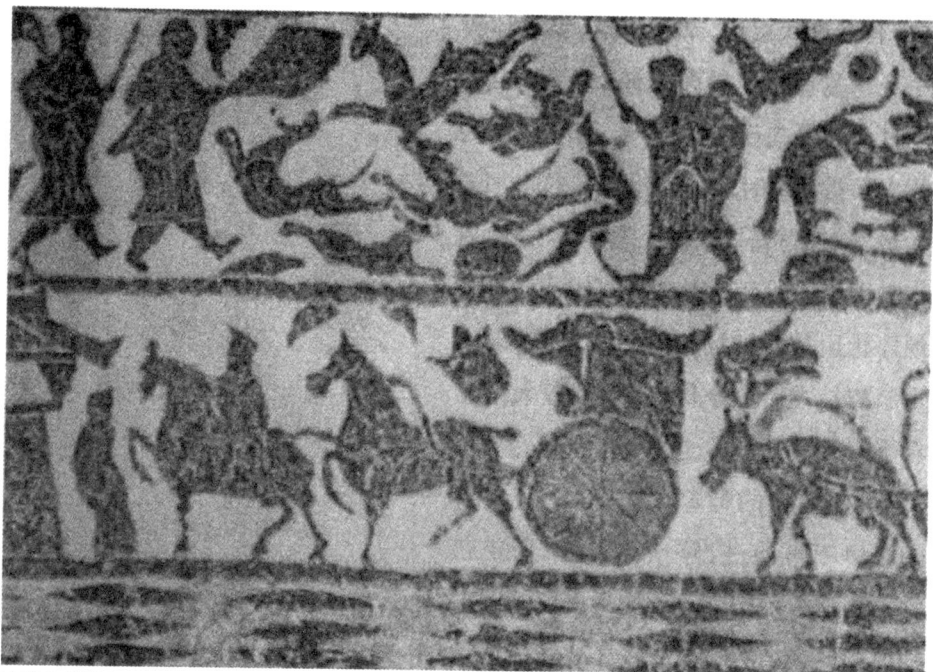

出行田猎图

方法则比较特殊，而且规模也最大。

这次车、步卒，依次行出军门，列好阵势以后，设置驱赶野兽用的车，并举行貉祭。接着中军将帅用鼓发令，鼓人击鼓三通，司马振铎，战车、步卒便做好准备。再击鼓命令前进，步卒嘴里都衔枚，以避免发出较大的声响吓跑了野兽。人车齐向前行，开始打猎。捕获大禽兽，要上缴公家；捕获小禽兽，可以据为己有。凡是捕获的禽兽，都割下左耳，用来计算成绩。当抵达田猎地区的尽头，鼓声雷鸣，甲士和步卒大声欢呼。于是传令停止田猎，用猎获的禽兽献祭四方之神，回到国都后还要用此祭享宗庙。

上述材料表明，春蒐、夏苗、秋狝、冬狩这几种田猎活动，实际上是一种军事演习，区别在于其所进攻的对象不是敌"人"而是禽兽。两者有很多相似的地方，比如在作战中杀死敌人要割下左耳作为报功请赏的依据，而在田猎中猎获禽兽也要割下左耳，两者计算"战果"的方式完全一样。

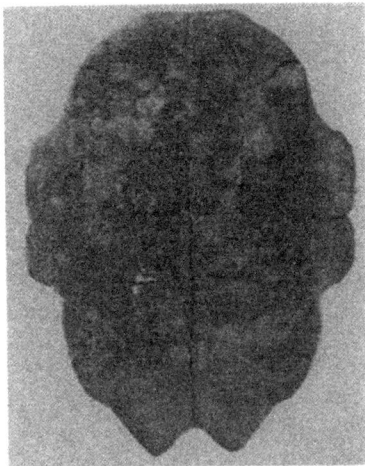
田猎卜甲

古代还有专门的天子田狩。天子出猎，以示勤武。一般于田狩前三日，有关官员建旗于田猎之地。届时，天子在鼓声中入围，进入田猎场所。驱兽兵驱赶野兽，让皇帝射击，然后王公随射。田猎即将结束时，有关官员建旗于田猎场内，击鼓，众将士欢呼。

史书上对历代君王田猎的记载很多，但究其性质，已经同《周礼》的大田之礼距离越来越大，与军事和民众的关系越来越远。金、元、清几代，少数民族入主中原，由于民族习惯的缘故，田猎之风较盛。清代的"木兰秋狝"更是那时的盛事。但是事实上后代的田猎早已由古代的教民习

出征前先祭祀天帝

武蜕变为帝王的娱乐活动了。

(四) 征战之礼

征战的礼仪，就是《周礼》所说的"大师之礼"。大师礼包括出征、誓师、凯旋、献俘、受降、论功行赏等一系列仪节。军队出征，有天子或诸侯亲征与遣将出征两种情况，二者礼仪不同，亲征尤其隆重。这里着重介绍一下天子或诸侯亲征。

出征前先祭祀天帝，选择吉日在郊外燔燎牺牲、币帛，把即将征伐的事报告天帝，表示恭行天罚，这叫类祭。然后祭祀社神，称为宜祭。还要到宗庙去告祭，表示受命于

古代宗庙

祖，称为造祭。并由掌管占卜的官员进行占卜以预测出兵的吉凶，从太庙里接受出征的铠甲，迎接神主及社主，由负责祝告祈祷的大祝进行祷告，祈求保佑出师胜利。

此外，还要将宗庙的神主和社庙的神主用车装载随军一起行动，作战有功的在庙主之前行赏，不服从命令的在社主之前杀戮，以示刑赏公正无偏，神鬼可鉴。到了作战的地点，还要祭军神和军旗，用牲血涂拭军旗和战鼓，称为祃祭。出师之后，军队所经过的名山大川都要祭祀。

在出师征战的过程中，必须时时高度

戒备。因此在宿营或行军途中行礼时，一般不跪拜，只是以脱下头盔或打躬来表示。

到了战场还要祭祀战神，战神有二：一为黄帝，一为蚩尤，相传"战法""兵法"出于黄帝，兵器的制造出于蚩尤。所以，两者被视为战神。通过军祭以祈求神灵的保佑。誓师是征战之礼的一项重要内容。早在商周之时就有誓师之礼，誓师时要发表誓词，誓词的主要内容是声讨敌人，申明军纪，鼓舞士气。

军队班师回朝，要"振旅"，整顿队伍、以振军威。军队获胜而归，要高奏凯乐，高唱凯歌，称为奏凯。天子亲征凯旋，大臣都

相传"战法""兵法"出于黄帝

蚩尤冢

要出城迎接。以示慰劳，称为郊劳。军队凯旋后，要在宗庙和社庙告奠天地祖先，行献捷、献俘之礼。为了庆祝胜利要在宗庙大宴功臣，论功行赏。

如果出师不利失败而归，就要用丧礼，穿戴丧服，送神主归于宗庙，天子或国王亲自吊问牺牲将士的家属，慰劳受伤将士。古代作战的胜败关系国家之安危、生民之生命。所以举行严肃而隆重的礼队很有必要。它给将帅以信心、鼓舞士气、振奋军威。所以，这种出师、班师之礼，一直到近代都还举行。

五 以嘉礼亲万民

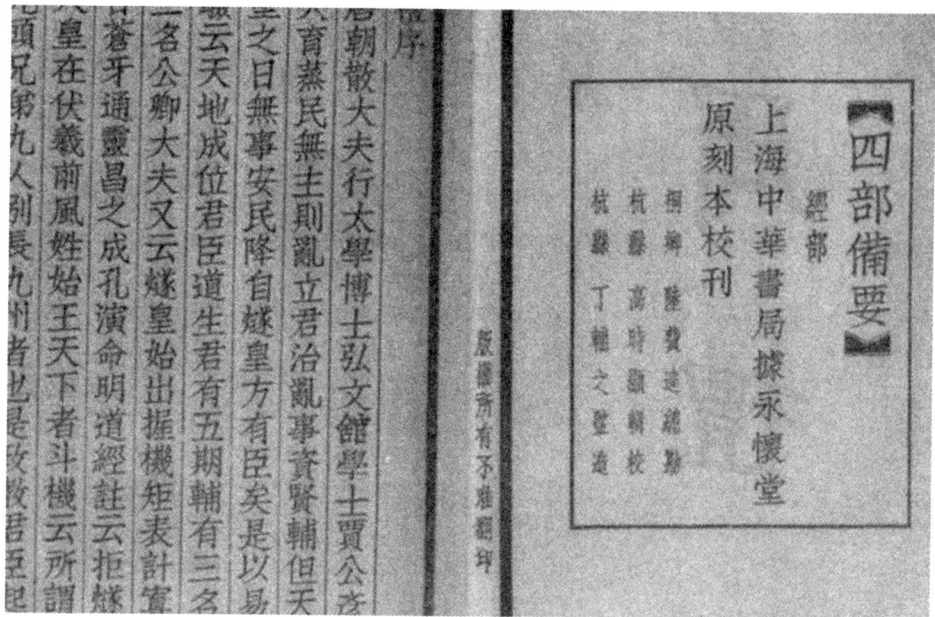

《周礼》

嘉礼是古代礼仪中内容最广泛、最庞杂的一种礼仪，它涉及日常生活、宴请宾客等众多方面。总的目的是通过这些礼仪，让人们知礼遵礼，以便相互间的关系更加融洽和睦。嘉礼名目甚多，《周礼》列了六项，沿袭至后代，名目很多。现在我们按《周礼》的说法作一简略介绍。

（一）诞生之礼

新生儿脱离母体，不仅标志着他获得了独立的生命，也标志着他走上了现实的人生之路。人生的开端之礼是由父母、家庭为他举行的。诞生礼仪包含的内容十分广泛，实

这幅清代绘画形象地描绘出当时的年轻少妇们到庙里求子的景象

际上包括了孕育期和诞生期的许多习俗。中间有许多有趣的环节：

求子

求子是一种古老的习俗，在古代由于人们的认识能力有限，对怀孕这种生理现象根本无法理解，所以产生了许多人类起源的神话。向神灵祈祷，是最常见的求子习俗。远古社会的女阴崇拜、男根崇拜、生育神崇拜，人类社会进入文明门槛之后的观音崇拜、送子娘娘崇拜、碧霞元君崇拜、子孙娘娘崇拜等，都属于祈祷型求子习俗。不孕妇常常在婆婆、嫂子的带领下，到祈子洞或是娘娘庙祈子，祈求送子娘娘

过去，由于认识能力的限制，人们将生育归功于神灵

的保佑。随着社会的发展，人们认识能力的提高，有关生育的神话渐渐消失。但求子习俗却一直留传下来。

报喜

婴儿降生对于家庭来说是一件喜事，所以第一项礼仪就是报喜。生了男孩在门左挂弓，生了女孩在门右挂手帕，向人们报喜。后来，有的地方还有女婿向岳父家报喜的礼俗，称为"报生"，做父亲的要提着一只鸡，生了儿子提公鸡，生了女儿提母鸡，大家一看就知道。或者是提一篮煮熟的、用食用红颜料染红的鸡蛋到岳父家报喜。同时，还要将红蛋分送给邻居亲友，男双女单。

三朝礼

是婴儿诞生后第三天举行的仪礼，俗谓"洗三"，届时舅舅家要送红鸡蛋、十全果为婴儿祝福。有的地方三朝要给婴儿沐浴，设宴欢庆，欢迎婴儿进入社会。

满月礼

产妇分娩后一个月内，一般不出门，俗称"坐月子"。婴儿出生满一个月后，家人要举行仪式进行庆贺，称为满月，又称"弥月"。这一天，亲友送礼庆贺，孩子家长设宴招待亲友，称为"满月酒"。满月时，孩

送子娘娘

子要剃胎发，剃头仪式比较讲究。婴儿的头发是从母胎中带出来的，不能全剃光，一些地方在孩子的额顶要留"聪明发"，脑后要蓄"撑根发"，眉毛则全部剃光。剃下的胎发必须妥善处理，有的地方将红纸包好后放在大门顶上，意味着步步登高；有的则搓成圆团，用彩线缠好，挂在床头避邪。现在也有的家庭将其制成毛笔保存做纪念。

百日礼

婴儿出生一百天，要举行百日礼。百日礼和满月礼形式大致相同，只是要穿百家衣，戴百家锁。百家衣是从许多人家要来各种各样的布头边角料，用线缝制在一起做成一件五颜六色的小衣服。穿了这件衣服据说可保小孩顺利成长，这当然是象征意义。百家锁，也是收集许多人家的金银（或铜），打成一把锁链，上面铸有"长命百岁"或"长命富贵"的吉祥语，所以又叫"长命锁"，是给孩子佩戴的一种吉祥物。

百日礼上婴儿的长命锁

周岁

孩子长到周岁时，主人要举行祭祖仪式，还要宴请宾客。宴后，要行"抓周礼"，在桌子上放些纸、笔、书、算盘、纸做的生产工具等，由孩子自由抓取，以预测孩子长大

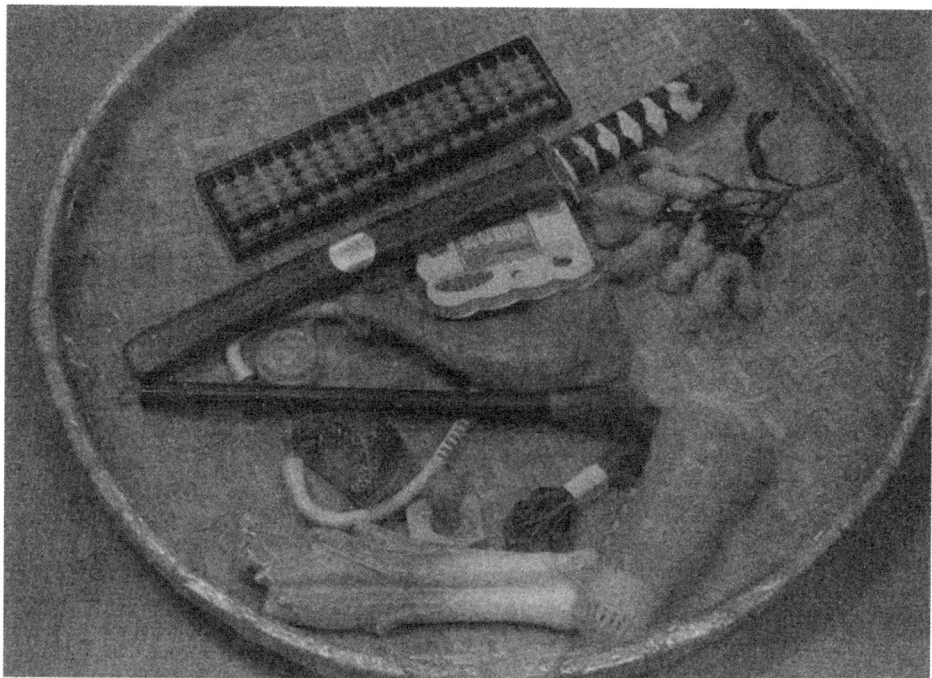

后的志向。如抓取纸、笔，预示将来喜读书；抓取算盘，预示经商；抓取生产工具，预示耕田种地。无论抓到什么，人们都会借题发挥，夸奖孩子聪明伶俐，主人也感到十分高兴。周岁一过，诞生仪礼才算结束。

（二）冠笄之礼

一个人在经历了漫长的社会化过程后，逐渐走向成熟。开始脱离亲人的养育与监护，承担起所在集团与社会所赋予的权利和义务。我国古代，只有成年人才享有一定的权利。比如家族中的议事权、社会事务的参

成年礼

与权、均田制时期的土地使用权，与此同时，也开始承担一定的社会义务：纳税、服兵役，赡养父母等。可见，一个人进入成年不仅是他自己的事，而且是社会关注的事情。因此一个人进入成年要举行成年礼。这种习俗来源于古老的部落社会，先民们通过进行毅力和智力考验，来鉴定青年是否具备充当氏族、部落正式成员的条件。一般在男子到了20岁，女子到了15岁时，就要举行成年礼，男子叫"冠礼"，女子叫"笄礼"。

成年礼有严格的仪式。身份阶层不同，仪程简繁有别。秦汉以前，对士的冠礼仪式

冠礼

是非常讲究的，也极为隆重。冠礼一般在宗
庙里举行，由冠者的父亲或兄长主持。冠礼
举行之前，事先必须卜筮举行冠礼的吉利日
期，以及为受冠者举行冠礼时所应邀请的来
宾。通常是父兄的僚友。事前须再三敦请方
答应而来。

行冠礼时，宾要给冠者戴三次帽子：第
一次是一顶用黑麻布做成的，叫做"缁布冠"，
表示冠者从此有治人的特权。第二次是一顶
用几块白鹿布拼接成的，叫做"皮弁"，表
示从此有服兵役的义务。第三次是一种用白
葛布或者丝帛制成的平顶帽，颜色红中带黑，

冠礼

以嘉礼亲万民

085

接受神官的冠礼

与雀头相似，故称作"爵弁"，表示从此有参加祭祀活动的权利。

三顶帽的意义各不相同。缁布冠、皮弁、爵弁加冠时要有一个助手，称作"赞"，大抵是负责接递帽子。宾一边加冠，一边还得念念有词，讲一些对冠者劝诫和祝福的话。三次加冠毕，主人要设宴招待宾、赞等人。

加冠完毕，受冠者见过母亲之后，负责加冠的来宾在西阶上东向而立，受冠者在西阶东边南向而立，来宾向受冠者宣读祝辞，给受冠者取一个与其德行相当的美字。然后受冠者去见兄弟姐妹，最后戴礼帽穿礼服带礼品去见国君、卿、大夫和乡先生，以取得各方面对其成人的承认。整个冠礼一结束，就表示受冠者已经长大成人，从此他不仅可以服兵役、参加祭祀和出仕做官，还可以娶要成家，生儿育女。整个冠礼自始至终围绕着成人意义而举行。

古代女子15岁时要举行笄礼，举行笄礼时，要对被加笄的女子进行为期三个月成人之法的教育。教育的内容主要是妇德、妇言、妇容、妇功。也就是所谓的"四德"。女子的笄礼程序与冠礼大致相同，但规模要小些，主持人是女性家长，宾和赞亦由女人

女子成人笄礼

担任。

　　笄礼完毕，要给这个女子结发加笄。古代小孩头发不剃，最初是自然地披垂于肩，这在古代叫做"垂髫"或"垂发"。后来，随着年龄的增长，头发一天天变长增多，这时大人便把他们的头发聚束于头顶，并且打成丫髻盘在头顶左右两边，因其形状像角，所以叫做"总角"或"总发"。这是童年时的发式。加笄时，先把幼年时的"总角"发式改变一下，将头发盘在头顶上盘成发髻，以区别于童年时的发式，然后用笄别上，叫结发。同时给她取字，以后不称名而称字。女子结发加笄以后，说明她已经成人，可以结婚了。恐怕也正是因为这一点，后来一般在结婚前夕才为女子行笄礼。

（三）婚姻之礼

结婚是人生中的一件大事，能够增加喜庆气氛的婚礼自古有之，但我国古代的婚姻礼俗是非常烦琐的。在周代，据《礼记》记载，其时就有所谓"六礼"，大概包括订婚和成婚两个阶段的礼仪，即纳采、问名、纳吉、纳征、请期和亲迎。经过了"六礼"之后的婚姻就得到了人们的承认。

纳采

即男女双方互相选择，彼此采纳成偶，男方首先请媒人向女方提亲，女方答应后，男方再派人送礼品给女方，并正式求婚。最初是用大雁作为礼物。之所以要用大雁，其象征意义有二：首先大雁的配偶终身专一，用大雁就象征婚姻的和谐；其次大雁随阳，而阳是代表男性的，用雁就象征着妻子要随从丈夫。总之，用雁为礼有较深的寓意，古往今来一直沿用。不过，大雁越来越难得，后世往往以鹅、鸭或鸡来代替。

凤冠霞帔

古代婚礼

问名

经过媒人的纳采，女家表示同意，男方再请媒人到女家，向女方问清姑娘的姓名和生辰，俗称"八字"，以便回来后占卜婚姻的吉凶。问名也是以雁作礼物，女方则要设酒宴款待。

纳吉

即纳取吉利之意。男方得知女子名后，即在宗庙里占卜，看看双方结合是凶是吉。

古代婚礼

只有卜得吉兆，才请媒人带着雁到女方报喜，叫做纳吉。同时还要再以雁为礼物，双方要交换一个比较正式的帖子，从而正式确定婚姻，即订婚。换帖之后，双方的婚事就定下来，不能随意否定。同时，男方逢年过节都要向女方家送礼，并要向女方提供四季衣物。所以，不少地方把这种"帖子"称之为"龙凤帖"。类似今天的"结婚证"。

纳征

亦称纳成、纳币。就是男方向女方送聘礼。男方是在纳吉得知女方允婚后才可行纳征礼的，行纳征礼不用大雁，是六礼唯一不用雁的礼仪。历代纳征的礼物各有定制，民间多用首饰、细帛等项为女方行聘，谓之纳币，后来聘礼多为金钱财物所取代。

请期

纳征虽然确立了夫妇关系，但还必须举行婚礼，男女才能确立起真正的夫妻关系。举行婚礼首先要择定日期，即择期。男家在纳征之后就可择期，并备礼告知女

双喜灯在古代婚礼上是必不可少的婚房饰品

以嘉礼亲万民

古代婚礼物品

方。为表示尊重女家，故名"请期"，以示
不敢自专。有时，女方为显示尊贵，往往推辞，
故男方须三请于女方，然后确定婚期。女家
若同意举行婚礼，往往女父表示"唯命是听"。
请期之时也用大雁。

亲迎

指男子亲自到女家迎娶新娘。亲迎之礼在六礼中最为重要。亲迎的具体仪节是严格而烦琐的。到婚期那天的黄昏时分，新郎要亲到女家迎亲。黄昏娶女，据说便是"婚"之本义。新郎出发前，其父要为他举行一定的仪式，表示他是承父母之命前往。新娘的父亲在家庙设下筵席，在门外迎候新郎和娶亲的人。新郎到来，揖让一番，执雁入内，登上厅堂献雁作进见之礼。新郎退出，新娘随从其后而出，新娘父母不送出门。迎亲车辆停在门外，新郎将上车的拉手绳交给新娘，新娘之母辞而不受。遂由御者代替。新郎将乘另外的车辆提前返回，等候在家宅门外。

迎亲

迎新娘进家以及进家门之后，还有很多仪节，而且随着时代的发展有很多变化。

传袋

结婚那天，新娘从上花轿开始，其双脚就不能踩碰土地，到新郎家下轿时须踩着米袋子往里走，米袋子一条一条地传送过去，叫做传袋，又叫"袋袋相传"。显然，以"袋"喻"代"寓意传宗接代，表现了对多子多孙、世代相继的企望。

拜堂是婚庆的高潮阶段

拜堂

也称"拜天地"。又称拜高堂、拜花堂。举行婚礼时，娶女的人家在家堂前置香烛，陈祖先牌位或遗像。摆上粮斗，内装五谷杂粮、花生、红枣等，上面贴双喜字。拜堂前，燃烛焚香、鸣爆竹奏乐，然后礼生育唱，新郎新娘就位跪拜，一拜天地，二拜父母，夫妻对拜。对拜后入洞房。

合卺

即新夫妇在新房内共饮合欢酒。举行于新郎亲迎新妇进入家门以后。起于上古，用葫芦一剖为二，将两器之柄相连，以之盛酒，夫妇共饮，表示从此成为一体，名为"合卺"。后世改用杯盏，乃称"交杯酒"。

撒帐

是以帐中婚床或帐中新婚夫妇为对象，将枣子、花生、桂圆、荔枝、核桃、栗子、莲子等等撒向婚床，以使得新婚夫妇感应抛撒物的生殖力量而生子。具有祝子之义。之后，还有亲友到新房来看新娘，乘兴逗乐嬉戏，俗称闹洞房。

见舅姑

新妇拜见公婆的仪式。亲迎的次日，新妇早起，沐浴盛装，天刚明即拜见舅姑。拜见时，新妇要献自己做成的盛馔给舅姑，表示新妇的孝顺。舅姑食毕，取杯斟酒给新妇，表示回敬。然后，舅姑从西阶(宾位)下堂，新妇东阶（主人之位）下堂，这表示新妇从此要代理舅姑之事。不举行见舅姑之礼，新妇的身份就不能得到确认。若舅姑已亡，则于三个月后到舅姑庙中参拜，也叫庙见。

归宁

归宁又称回门，是指新婚夫妻在结婚的第三日，携礼前往女方家里省亲、探访。此为婚事的最后一项仪式，有女儿不忘父母养育之恩赐，女婿感谢岳父母及新婚夫

拜堂

妇恩爱和美等意义，女方家人此时亦须准备宴客。归宁结束后，男方须送礼给媒人表示谢意，媒人的工作才算告了一个段落。

（四）宴饮之礼

以上三种是广为流传，并在今天也产生深远影响的礼仪。嘉礼中还有许多与吃有关的礼仪，但它的形式并不在于吃喝，除了沟通协调人际关系之外，而有更深刻的教化意义。一般认为，宴饮起源于古代的祭祀仪式。祭祀之后，必须得将祭品分给大家吃掉，这就是宴饮的雏形。到了周代，周公加以变革，把一部分宴饮从祭仪中剥离出来，专门成为人们在一起宴饮所需要遵循的礼仪规范。并

乡饮酒礼

乡饮酒礼上的菜肴

将其列入国家礼制定。其实，在传统社会里，宴饮的名目是举不胜举的。下面介绍一下比较重要的乡饮酒礼和燕飨礼：

乡饮酒礼是古时乡人因时而聚会宴饮的仪式。一般于正月吉日举行。周代时，以致仕之卿大夫为乡饮酒礼的主持人，贤者为宾，其次为介，又其次为众人。仪式严格区分尊卑长幼。坐席时，以善恶分列三等，不许混淆，以此作为实行道德教育的手段之一。这种礼仪历来颇受重视，因为在提倡敬老良风、为国家选拔人才、改善官民关系等方面可以起一定的积极作用。

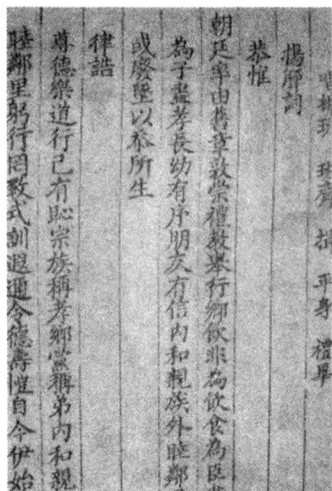

乡饮酒礼是中国古代地方政府的一种重要官方礼仪活动

燕飨礼分为飨礼、燕礼两种。是用酒宴招待宾客的礼仪。飨礼是天子大宴诸侯的，要在太庙举行，要用牛、羊、猪三牲，仪节烦琐，饮宴过程中还要奏乐，格外隆重。燕，通宴，指天子举行的小型宴会，其特点是比较随便，没有飨礼那么隆重。这和后世的招待宴会比较接近。

在宴饮过程中，大家射箭比赛来助兴，形成了射礼。后来又有了一种"投壶"礼，用箭来投壶，以投中多少为胜负，负者则罚饮酒，随其逐渐流行，也成为宴会上的一种重要礼仪。

另外还有一些在宴饮过程所必须遵守的礼节。

宴饮按照礼仪，座次必论资排辈，依序入座，合于尊卑长幼、祈福和避讳等要求。一席通常为八人，入席时，必待上座者入席后，余者方可入座。否则即为失礼。

人们通常在喜庆佳节以酒助兴时，拟措健康有益的祝酒词，或者临场发挥，来表达主客各方美好的祝愿以及友好情谊。

作陪、陪饮，也是宴饮的一种礼俗。宴饮场合，主人若让客人自斟自饮，则为失礼。但主人若是反复敬献，又太为絮叨。因而多

乡饮酒礼菜肴丰盛

令亲友作陪，以尽酬酒酬宾之礼。一般情况下，男宾须由男子作陪，女客应由女子作陪。通常是一客一陪，间或也有两人以上作陪者。宴饮时，仍以先敬酒于宾为敬。为劝饮，常与客对饮，而以先饮为之导，并口称"先干为敬"等语。

旧时，客来在家设宴，多由男性家长作陪，子女不上桌共餐，尤禁媳妇、女儿。若不禁儿女，则说明其家家教不严，客人也觉蒙受轻慢。儿女就餐，应待客人食后再上桌。这一习俗表明了待客至诚的用心。饭后不喝酒，客来开宴，必先喝酒而后吃饭，且需主人陪饮。如果主人不喝酒，也不能先客人而盛饭。否则为失陪，失陪则为失礼。

故宫博物院

六　传统节庆礼仪

春节

我国古代有众多传统节日，在漫长的继承发展过程中形成独特的习俗。集中反映了我国古代以农业为主的特点，反映了广大人民祈福消灾的善良愿望，也反映了浓厚的儒家礼仪的色彩，后来又掺杂了古代宗教的成分，特别是有许多节日都与古代的祭祀活动有密切关系，因此我们在介绍古代礼仪习俗的时候，也不能不介绍一些有代表性的古代节日习俗。

（一）春节

春节是我国的一个古老节日，也是全年最重要的一个节日。春节原来叫元日，又称元旦、元朔、元正、正日等。"元"有开始的意思，元日就是一年的第一天。在这里，元日是善日、吉日的意思。汉武帝太初元年在夏历的基础上制定"太初历"，确定以正月为岁首，正月初一为元日才被固定下来。历代宫廷的典礼格外隆重。在民间，元日这一天也要举行盛大的祭礼和庆祝活动。除了祭祀活动，还随之产生了一系列的习俗，到了宋代逐渐演变形成我国各族人民庆祝活动规模最大、延续时间最长的综合性节日。在千百年的历史发展中，形成了一些较为固定的风俗习惯，有许多还相传至今。

每年的农历腊月二十三起到年三十，被民间叫做"迎春日"，也叫"扫尘日"。按民间的说法：因"尘"与"陈"谐音，新春扫尘有"除陈布新"的含义，其用意是要把一切穷运、晦气统统扫出门。这一习俗寄托着人们破旧立新的愿望和辞旧迎新的祈求。

然后就是家家户户准备年货，节前十天左右，人们就开始忙于采购物品，还要准备一些过年走亲访友时赠送的礼品，小孩子要添置新衣新帽，准备过年时穿。在节前要在住宅的大门上粘贴红纸黄字的新

过年了，备年货

年寄语，也就是用红纸写成的春联。屋里张贴色彩鲜艳寓意吉祥的年画，心灵手巧的姑娘们剪出美丽的窗花贴在窗户上，门前挂大红灯笼或贴福字及财神、门神像等，福字还可以倒贴，路人一念"福倒了"，也就是福气到了。所有这些活动都是要为节日增添足够的喜庆气氛。

腊月三十夜，也叫除夕，又叫团圆夜，在这新旧交替的时候，守岁是最重要的年俗活动之一，除夕晚上，全家老小都一起熬夜守岁，欢聚酣饮，共享天伦之乐，北方地区在除夕有吃饺子的习俗，饺子的做法是先和面，"和"字代表合，饺子的"饺"和交谐音，

吃饺子是中国人过春节的习俗

除夕夜，放鞭炮

合和交有相聚之意，又取更岁交子之意。在南方有过年吃年糕的习惯，甜甜黏黏的年糕，象征新一年生活甜蜜蜜、步步高。

待新年的钟声敲响，鞭炮齐鸣，响声此起彼伏，家家喜气洋洋，新的一年开始了，男女老少都穿着节日盛装，出门去走亲访友，相互拜年，恭祝来年大吉大利。先给家族中的长者拜年祝寿，祝长辈长寿安康，长辈可将事先准备好的压岁钱分给晚辈，据说压岁钱可以压住邪祟，因为"岁"与"祟"谐音，晚辈得到压岁钱就可以平平安安度过一岁。

（二）元宵节

农历正月十五夜，是我国民间传统的元宵

元宵节燃灯

节，又称上元节、灯节。正月十五闹元宵，将从除夕开始延续的庆祝活动推向又一个高潮。按中国民间的传统，元宵之夜，大街小巷张灯结彩，人们赏灯，猜灯谜，吃元宵。

元宵节也称灯节，元宵燃灯的风俗起自汉朝，到了唐代，赏灯活动更加兴盛，皇宫里、街道上处处挂灯，还要建立高大的灯楼和灯树。

到宋元时期，京都灯市常常绵延数十里。灯会要进行五天，灯的样式也更丰富。明代要连续赏灯十天，这是中国最长的灯节了。清代赏灯活动虽然只有三天，但是赏灯活动规模很大，盛况空前，除燃灯之外，还放烟花助兴。

"猜灯谜"又叫"打灯谜"，是元宵节后增的一项活动，出现在宋朝。南宋时，首都临安每逢元宵节时制迷，猜谜的人众多。开始时是好事者把谜语写在纸条上，贴在五光十色的彩灯上供人猜。因为谜语能启迪智慧又饶有兴趣，所以流传过程中深受社会各阶层的欢迎。

元宵节吃元宵的习俗也始于宋朝。在北方叫元宵，在南方叫汤圆，都是由糯米制成，不过二者的做法不一样。汤圆是包的，而元宵是在糯米粉中"滚"成的。名称都与"团圆"字音相近，取团圆之意，象征全家人团团圆圆，和睦幸福，人们也以此怀念离别的亲人，

元宵象征全家人团团圆圆

清明落花

清明时分

寄托了对未来生活的美好愿望。一些地方的元宵节还有"走百病"的习俗，随着时间的推移，元宵节的活动越来越多，不少地方节庆时增加了耍龙灯、耍狮子、踩高跷、划旱船、扭秧歌、打太平鼓等传统民俗表演。

（三）清明

清明节，古时亦称"植树节""踏春节""聪明节"。我国民间传统节日。已有二千多年历史。公历四月五日前后为清明节，是二十四节气之一。由于二十四节气比较客观地反映了一年四季气温、降雨、物候等方面的变化，所以古代劳动人民用它安排农事活动。清明一到，气温升高，雨量增多，正是春耕春种的大好时节。故有"清明前后，点瓜种豆""植树造林，莫过清明"的农谚。可见这个节气与农业生产有着密切的关系。

在二十四个节气中，既是节气又是节日的只有清明。相传大禹治水后，人们就用"清明"之语庆贺水患已除，天下太平。此时春暖花开，万物复苏，天清地明，正是春游踏青的好时节。踏青早在唐代就已开始，历代承袭成为习惯。踏青除了欣赏大自然的湖光山色、春光美景之外，还开展各种文娱活动，增添生活情趣。

清明节流行扫墓，其实扫墓乃清明节前一天寒食节的内容，寒食相传起于晋文公悼念介子推一事。唐玄宗开元二十年诏令天下，"寒食上墓"。因寒食与清明相接，后来就逐渐传成清明扫墓了。明清时期，清明扫墓更为盛行。古时扫墓，孩子们还常要放风筝。有的风筝上安有竹笛，经风一吹能发出响声，犹如筝的声音，据说风筝的名字也就是这么来的。

清明节还有许多失传的风俗，如古代曾长期流传的戴柳、射柳、荡秋千等，据载，辽代风俗最重视清明节，上至朝廷下至庶民百姓都以荡秋千为乐，仕女云集，踏青之风

清明扫墓

也极盛。使清明成为一个富有诗意的节日。

（四）端午

农历五月初五，是中国民间的传统节日——端午节，它是中华民族古老的传统节日之一。又称端阳、重五。关于端午节的由来，说法甚多，如纪念屈原说。俗说屈原五月五日投汨罗江，人们闻讯竞相划船来救他，但为时已晚。人们为了缅怀他，每到此日，就用竹筒装着米投入水中，以祭祀他，但投入水中的米常常被蛟龙偷吃，有一聪明人就把米塞进粽叶子中包好，用五彩线捆上，蛟龙害怕这两种东西就不再偷吃了。后来人们为了求福祈祥，就用竹叶或苇叶包成各种各

端午节粽子

样的粽子，又取了许多吉祥的名字，并演变成了一种求福的风俗。还有纪念伍子胥说、吴越民族图腾祭说等等。以上各说，各本其源。据学者闻一多先生和众多专家考古考证，端午的起源，是中国古代南方吴越民族举行图腾祭的节日，比屈原更早。但千百年来，屈原的爱国精神和感人诗词已深入人心，因此，纪念屈原之说，影响最广最深，占据主流地位。在民俗文化领域，中国民众把端午节的龙舟竞渡和吃粽子等，都与纪念屈原联系在一起。

赛龙舟

古人也把五月五日视为"恶日"，每到这一天，人们就在门前挂艾蒲，用香汤沐浴，以求避邪免灾，健康平安。"艾"是一种草本药物，具有较强的杀菌能力，而且据说五月五日采摘的艾草疗效最好，因此，每到此日人们就采来作成人形或虎形挂在门上或戴在身上，以噬食鬼魅、去邪驱恶。"艾蒲"是一种水草，有开窍、行气、止痛、除风湿等作用，所以古人在端午节这一天，采艾蒲作成剑形，挂于门首，以镇妖邪、保平安，称"艾虎蒲剑"。

由于古代中国地域广大，民族众多，加上许多故事传说，于是不仅产生了众多

传统节庆礼仪

赛龙舟

相异的节名，而且各地也有着不尽相同的习俗。江南民间过端午节历来有吃"五黄"的食俗，"五黄"即黄鱼、黄鳝、黄瓜、咸蛋黄和雄黄酒。除了有迷信色彩的活动渐已消失外，其余至今流传中国各地及邻近诸国。有些活动，如赛龙舟等，已得到新的发展，突破了时间、地域界限，成为了国际性的体育赛事。

（五）中秋

每年农历八月十五日，是传统的中秋佳节。这时是一年秋季的中期，所以被称为中秋。在中国的农历里，一年分为四季，每季又分为孟、仲、季三个部分，因而中秋也称仲秋。八月十五的月亮比其他几个月的满月更圆、更明亮，所以又叫做"月夕""八月节"。此夜，人们仰望天空如玉如盘的朗朗明月，自然会期盼家人团聚。远在他乡的游子，也借此寄托自己对故乡和亲人的思念之情。所以，中秋又称"团圆节"。

中秋赏月

早在周代，民间就有中秋祭月、拜月的习俗。战国初期的《归藏》一书记载了"嫦娥奔月"的美丽神话：嫦娥偷吃了王母不死之药，被王母追杀，奔向月宫，成为月神，每到八月十五晚上，人们就设案燃香，摆上月宫符像，以圆饼、圆果供奉明月，并在月光牌位前焚烧月光纸，有的祈求五谷丰登，有的祈求天下太平，有的祈求家庭幸福，有的祈求步步高升。

在唐代，中秋赏月、玩月颇为盛行。在北宋京师。八月十五夜，满城人家，不论贫富老小，都要穿上成人的衣服，焚香拜月说出心愿，祈求月亮神的保佑。同时，月饼一词最早见于宋代，当时人们就已把月饼列为中秋必备食品了。月饼象征着团圆，象征着美满，象征着甜蜜，所以人们都把它作为中秋佳节必不可少的食品、礼

传统节庆礼仪

茱萸果实

品。从此，中秋吃月饼是我国长盛不衰的传统习俗。南宋，民间以月饼相赠，取团圆之义。有些地方还有舞草龙，砌宝塔等活动。明清以来，中秋节的风俗更加盛行；许多地方形成了烧斗香、树中秋、点塔灯、放天灯、走月亮、舞火龙等特殊风俗。人们把酒问月，庆贺美好的生活，或祝远方的亲人健康快乐，和家人"千里共婵娟"。

中秋节的习俗还有很多，不同地方形式也各不相同，但都寄托着人们对生活无限的热爱和对美好生活的向往。

（六）重阳节

农历九月九日，为传统的重阳节。因为古老的《易经》中把"六"定为阴数，把"九"定为阳数，九月九日，两九相重故称"重阳节"。"九"与"久"同音，所以古代认为这一天是吉祥日子，并且从很早就开始过此节日。庆祝重阳节的活动多彩浪漫，一般包括出游赏景、登高远眺、遍插茱萸、观赏菊花、饮菊花酒、吃重阳糕等活动。

茱萸是一种常用的中药，其味香烈，可驱虫、除湿，逐风邪，治寒热，利五脏，延年益寿。所以古人把它视为驱邪的神物。在重阳登高之际，自然也要人人佩带。王维《九月九日忆山东兄弟》诗中便反映了这种习俗："独在异乡为异客，每逢佳节倍思亲。遥知兄弟登高处，遍插茱萸少一人。"

古代重阳节除登高插茱萸的习俗之外，还盛行饮菊花酒，因为菊花是我国的传统中药，古人认为饮菊花酒能延年益寿，所以当时人们都把茱萸和菊花泡在酒里饮用。因为菊花于万花凋谢之时仍然傲霜挺立，独放异彩，自古就被视为长寿的象征，享有"长寿花"的美称。

北宋时期，出现了重阳赏菊的盛况。当时甚至连酒店都用菊花扎成一座花门，

重阳赏菊

让顾客出入于菊花门下。这虽是酒家招徕顾客的一种手段，却颇富诗情画意。古代许多著名诗人都曾留下重阳赏菊的佳作。王勃的"九日重阳节，开门见菊花"，孟浩然的"待到重阳日，还来就菊花"，都道出了赏菊的无限情趣。

古代重阳节有吃重阳糕的习俗，人们大概是取其谐音而寓意重阳登"高"和祈求"高"寿之意吧。重阳正值秋收之后，因此也是享用与馈赠食物的节日。重阳糕要做成九层，上面做两只小羊象征"九九重阳"。宋代开始用面粉蒸糕，用枣、栗子、松子肉等作辅料。

重阳糕

古代礼制文化

（七）冬至

在现代人看来，冬至只是一个节气，而不是节日，但在古代，它不但是节日，而且是个重要的节日。冬至是一年中白天最短、夜间最长的一天，从此白昼逐渐延长。古人认为此刻阴气达到极点，阳气即将回升。所以古人一直把冬至看做节气的起点，并且当做新年来过，其隆重程度仅次于新年，远远超过其他节日。即使在正月初一成为民间的最重要的节日以后，冬至仍然是很受重视的，直到晚近才发生变化。

冬景

汉代以前，每逢冬至都要停止一切工作。祭天与祭祖是冬至的重要活动。古人认为天为阳，地为阴。夏至虽然阳气极盛，却是阴气开始回升之时，所以祭地；冬至虽然阴气极盛，却是阳气开始回升之时，所以祭天。冬至祭天，始于先秦。冬至祭天的礼仪历代一直延续下来，到清代，民间还把冬至视如年节。

从冬至开始数九，经过九九八十一天，方能寒尽春来。数九寒天是一年中难于度过的日子，而大地春回则是人们共同向往的，所以古人便在冬至这一天设计了"九九

"猫冬"是北方人冬天的生活方式之一

消寒图",用来计算时日,帮助消寒迎春。最常见的是文字消寒图。其图由九个汉字组成,例如"庭前垂柳珍重待春风","春前庭柏风送香盈室",每字九画,正好八十一画。字呈双钩体,笔画中间是空白的,每过一天用红笔描一画,待到九个字描完,春天便来临了。第二种是梅花消寒图,其图是一枝梅花,共八十一瓣,每天用红笔涂染一瓣,待到素梅变成红梅,便"出九"了。

现在,一些地方还把冬至作为一个节日来过。北方地区有冬至宰羊,吃饺子、吃馄饨的习俗,南方地区在这一天则有吃冬至米团、冬至长线面的习惯。也有些地区在冬至这一天有祭天祭祖的习俗。